생성형 AI
문화예술가 탄생

이재호 교수의

# 사고력 코딩

도서출판 홍릉

## 저자 약력

**이재호(경인교육대학교 컴퓨터교육과 교수)**

이재호교수는 1989년부터 1996년까지 한국전자통신연구원(ETRI : Electronic & Telecommunication Research Institute)의 선임연구원으로 재직하였으며, 1996년부터 국립 경인교육대학교 컴퓨터교육과에 재직 중이다. 이후 국내 컴퓨터교육과 영재교육 분야에서 왕성한 활동을 하면서 데이터베이스 시스템 총론 등 60여 권의 서적을 저술하였으며, 컴퓨터교육, 정보과학영재교육, 발명영재교육, 융합영재교육 등의 분야에서 300여 편의 학술논문을 발표하였다. 2004년 국내 최초로 현직교사 및 예비교사를 대상으로 하는 전국 교육대학 원격교육연수지원센터의 설립을 주도한 후 초대 센터장을 역임하였으며, 2011년에는 경인교육대학교 부설 융합영재교육연구소(Academy for Convergence : ACE)를 설립한 후 소장으로 활동 중이고, 2014년에는 창의적인 정보문화 환경을 조성하기 위하여 사단법인 한국창의정보문화학회를 창립한 후 학회장으로 활동 중이다. 2020년부터 2022년까지는 국내 정보교육 분야에서 최고의 권위를 자랑하는 사단법인 한국정보교육학회 회장으로 활동하였고, 2020년부터는 국내외 영재교육을 선도하는 사단법인 한국영재학회의 회장으로도 활동 중이다. 2023년까지 경인교육대학교 부총장겸 교육전문대학원장으로 봉사했다. 현재는 소프트웨어 및 인공지능(AI) 기반의 융합형 교육 프로그램, 실생활과 연계된 SW/AI 코딩 교육 프로그램 등을 연구하고 관련 콘텐츠를 개발 중이다. 대표적인 저서로는 '이재호교수의 사고력 코딩 시리즈'와 '생활 속 ICT의 발견', '생활 속 SW 코딩의 발견 ① –신호등 SW–', '생활 속 SW 코딩의 발견 ② –자동판매기 SW–', '컴퓨터랑 코딩해' 등이 있다.

**전도연**

전도연선생은 2017년 교직에 입문하여 현재 한수초등학교에서 근무하는 교사다. 현재 경인교육대학교 교육대학원에서 컴퓨터교육 박사과정에 재학 중이다. 다년간 영재학급 지도 및 소프트웨어교육 수업 경험을 갖고 있으며, '엔트리와 함께하는 인공지능 교실' 저서에 참여하였다.

**허원정**

허원정선생은 2019년 교직에 입문하여 현재 김포금빛초등학교에서 근무하는 교사다. 현재 경인교육대학교 교육대학원에서 컴퓨터교육 박사과정에 재학 중이다. 다년간 소프트웨어교육 및 인공지능 수업 경험을 갖고 있으며, '코블과 함께하는 이재호 교수의 AI 메이커 코딩' 저서에 참여하였다.

# Preface

**이재호교수의 사고력 코딩(생성형 AI 문화예술가 탄생) 교재를 출간하면서...**

이 책은 '이재호교수의 사고력 코딩' 교재 중 네 번째로 출간되는 시리즈다. 첫 번째 시리즈는 '스크래치 3.0'의 출시에 맞추어 출간했었고, 두 번째 시리즈는 인공지능(Artificial Intelligence: AI) 교육의 중요성을 인식하고 본격적인 AI 교육이 시작되는 시점에 출간했었으며, 세 번째 시리즈는 진정한 초보 입문자를 위한 교재의 필요성을 인지한 시점에 출간했었다. 이번에 출간하는 네 번째 시리즈는 생성형 AI의 대표주자인 ChatGPT가 발표되면서 생성형 AI를 활용한 코딩 교재가 필요하다는 사실을 인지하고서 출간하게 되었다.

저자들은 본 교재를 이용하는 독자들이 『생성형 AI를 활용한 사고력 코딩 역량』을 계발할 수 있도록 책을 구성하고 집필하였다. 이를 위하여 전작 시리즈와 마찬가지로 게임의 퀘스트(Quest) 형식을 적용하였다. 본서의 주인공인 '제이', '하늘이', '가람이'는 전작에서 활약했던 경험을 바탕으로 문화예술품을 탐하는 AI 바이러스와 맞서 어려움을 극복해 나간다.

'제이'와 친구들은 '문화예술탐방'을 주제로 떠난 수학여행에서 '디지털 미술관', '뮤직 페스티벌', '디지털 도서관' 등을 순차적으로 방문하게 된다. 이때, 'AI 바이러스'는 디지털화된 멋진 문화예술품을 AI 혼자 감상할 수 있도록 훼손시키고, '제이'와 친구들은 '이재호교수'와 'AI 로봇'의 도움을 받아 다양한 생성형 AI를 사용하여 훼손된 문화예술품을 복원한다. 문화예술품을 복원해 가는 과정에서 자연스럽게 『생성형 AI를 활용한 사고력 코딩 역량』을 계발할 수 있도록 하였으며, 이 과정에서 '컴퓨팅 사고력' 계발에 도움을 줄 수 있는 다양한 기법들을 사용하였다.

본 교재를 마스터한 아이들은 '생성형 AI 문화예술가'로 탄생한다. '스테이지 1'을 마스터하면 '생성형 AI 미술가'로 탄생하고, '스테이지 2'를 마스터하면 '생성형 AI 음악가'로 탄생하며, '스테이지 3'을 마스터하면 '생성형 AI 작가'로 탄생하게 된다. 미래세대들은 '생성형 AI'를 자유자재로 활용할 수 있어야 경쟁력을 갖추게 된다. 미래세대들에게 『생성형 AI를 활용한 사고력 코딩 역량』 훈련을 시행한다면, 그들은 자연스럽게 21세기 핵심 역량 중 하나로 인식되는 'AI 리터러시'를 계발함으로써 경쟁력을 갖추게 될 것이다.

본 교재는 (사)한국창의정보문화학회(http://www.3c.or.kr)의 '창의메이커교육연구회'에 소속된 현직 초등학교 교사들의 작품이다. 작품 구상은 ChatGPT가 발표된 2022년 11월부터 시작하였으며, 초고 집필 후에 학교 및 '디지털새싹' 교육캠프 현장에서의 적용과 학생들의 반응을 종합하는 과정을 거쳤기 때문에, 이제야 출간하게 되었다. 생성형 AI를 처음 접하게 되는 학생들을 주요 대상으로 하였기에, 진정한 코딩 초보자들도 걱정할 필요가 없다. 『생성형 AI를 활용한 사고력 코딩 역량』 교육을 통하여 학생들은 자연스럽게 문제해결력과 창의성을 배양하여 21세기 창의인재로 커나갈 것이다. 본 교재가 미래세대인 학생들의 '컴퓨팅 사고력' 계발에 도움이 되기를 기대한다. 그리고 다음 단계의 교육과정도 곧 출간할 것을 약속하면서, 독자 여러분들의 지속적인 관심과 성원을 기대한다.

2024년 1월 **대표 저자 이재호**

((사)한국창의정보문화학회 회장, 경인교육대학교 컴퓨터교육과 교수)

# CONTENTS

# CHARACTER

### 제이

컴퓨터와 게임을 좋아하며 아이디어가 번뜩이는 아이. 바이러스를 여러 번 퇴치한 경험이 있어 코딩에 자신감이 있음.

### 하늘이

제이와 같은 반 친구로 공부는 잘하나, 컴퓨터는 잘 못 하는 학생. 제이와 함께 바이러스를 퇴치한 경험이 있음.

### 가람이

제이와 같은 반 친구로 씩씩하고 힘이 세지만 행동이 앞서서 가끔 엉뚱한 일을 하는 학생. 제이와 함께 바이러스를 퇴치한 경험이 있음.

### 담임선생님

아이들을 사랑으로 지도하는 열정 가득한 만능 교사. 단, 그림그리기와 노래부르는 것에 자신이 없음.

### 이재호 교수

경인교육대학교 교수이며 소프트웨어 코딩에 관해서 모르는 것이 없음. 이전에 홈바이러스를 퇴치해 준 계기로 제이와 친해짐. 또다시 위기에 처한 제이를 도와줌.

### AI 문화예술 바이러스

미술, 음악, 글 등 문화예술작품들을 탐내 혼자 독차지하고 싶은 AI 바이러스임. 문화예술작품이 있는 곳이라면 어디든지 침투하여 바이러스를 퍼트릴 계획을 세우고 있음.

# OPNEING 두근두근 수학여행

이야, 오늘 수학여행 날이다!
아함~
수학여행
제이야, 가방 잘 챙겼니? 조심히 잘 다녀오고, 사고치지 말고!
그럼요, 걱정마세요! 잘 다녀오겠습니다.
드디어 오늘이야!
이야! 수학 여행 간다~
우리 언제 출발해?
여러분, 오늘 수학여행 가는 날이에요. 이번 수학여행 주제는 <문화예술기행> 입니다. 어디 가는지 다들 알고 있나요?
수학 여행
네! 제일 먼저 미디어아트 미술관에 가기로 했어요. 미디어아트 미술관은 일반 미술관이랑 다른데 가면 작품들이...
아이... 미술관 말고 페스티벌 먼저 가는 거 아니었어? 나는 페스티벌 먼저 가고 싶은데!
찌릿!
놀러가니?
아~함

나도 뮤직 페스티벌!
그럼! 붐붐! 바운스 바운스! 뮤직 페스티벌에 가면 신나는 음악에 춤도 출 수 있을 거야.
울라~
울라
미디어아트 미술관도, 뮤직 페스티벌도 엄청 신날 거예요. 그리고 마지막 코스가 하나 남았는데 어딘지 알고 있나요?
?
?
도서관이요? 또 졸릴 것 같은데... 후~
네! 마지막으로 디지털 도서관에 가기로 했어요!
지금 우리나라 최대규모 디지털 도서관을 무시하는 거야? 읽을 책들이 얼마나 많은데!
가람아, 내가 미리 찾아 봤는데 여기 무슨 미디어 열람실이 있대! 영화 파일도 빌려서 볼 수 있나 봐!
오오, 좋은데! 우리는 그럼 거기로 몰래 가자고!
속닥
속닥
음...
문화 예술? 수학 여행으로 문화 예술 기행을 간다고? 오호라! 예쁜 것들이 많겠어!
AI 문화 예술 바이러스
모두 내 꺼야~
주우우욱~
탁탁탁~
우와아아! 출발~
나도 같이 가~
과연 제이와 친구들은 수학 여행을 무사히 다녀올 수 있을까요?

# Quest 01 미술 AI 체험 _ 미술과 AI의 만남

건물 밖에 벽 좀 봐! 벽에 그림이 움직이는 것 같아!
우와아아 건물이 엄청 커!
와 와
얘들아, 잠깐만 기다려 보렴. 선생님이 미리 결제해 둔 전자 입장권을 찍어야 들어갈 수 있어.
네~
이히히!
삐빅
슉
여러분 안녕하세요, 저희 미디어아트 미술관에 오신 것을 환영합니다. 저는 오늘 이곳에 대한 설명을 맡은 AI 큐레이터 입니다.
우와!
씽-
너무 귀여워~
철컥!
무슨 소리 못 들었어?
무슨 소리?
팟
팟!
팟
그림 작품들이 이상해졌어!
이게 무슨 일이지?
이상해
이게 무슨 일인가요?
전시실 문이 잠겼습니다.
슝-

하하하! 여기 있는 작품들은 모두 내가 가져갔지! 내가 보안문도 모두 잠가두었지! 너희들은 여기 갇혔다! 하하하!
웅성 웅성
우리가 갇혔다고?
여기서 나가고 싶은가? 내가 가져간 작품들을 너희들이 다시 만들어서 걸어두면 나갈 수 있지! 그런데 그게 가능할까? 하하하!
이게 무슨 말이야?
이게 무슨 일이지?
그럼 나는 이만!
팟!
얘들아, 다들 침착하렴 우린 나갈 수 있어! 미술 시간에 그림 많이 그려봤잖니?
얘들아, 다들 가방 열어보렴. 혹시 색연필이나 사인펜 가져온 사람 있니?
연필 한 자루 있어요.
샥
저는 연필도 없는걸요!
아무것도 없는데 어떻게 그림을 그리죠?
선생님, 저는 그림 도구가 있어도 못 그렸을 거예요. 저는 그림 실력에 자신이 없는 걸요.
다들 나를 잠깐 잊은 것 같은데… 나는 AI 큐레이터! 여기는 미디어 아트 미술관! 색연필, 사인펜이 없어도 그림을 그릴 수 있지요. 그림 실력도 걱정을 마세요.
척!
촤악!
아니, 그런 방법이 있나요?
그런 방법이 있다고?
얼른 알려줘!
AI인 저를 믿어보세요. 그럼 우선 AI가 어떻게 미술과 연결될 수 있는지 보여드리죠.
오~
흠흠…
출발!
슝-

STAGE 1

Quest 01

# 미술 AI 체험
## _ 미술과 AI의 만남

### 1 그림이 무엇인지 맞춰보아요.

아래 그림들을 순서대로 보고 무엇을 그리려고 하는지 맞춰보세요.

그림이 무엇인지 어떻게 알았나요? 어느 단계에서 그림이 무엇인지 알았나요?

문제1

사과

문제2

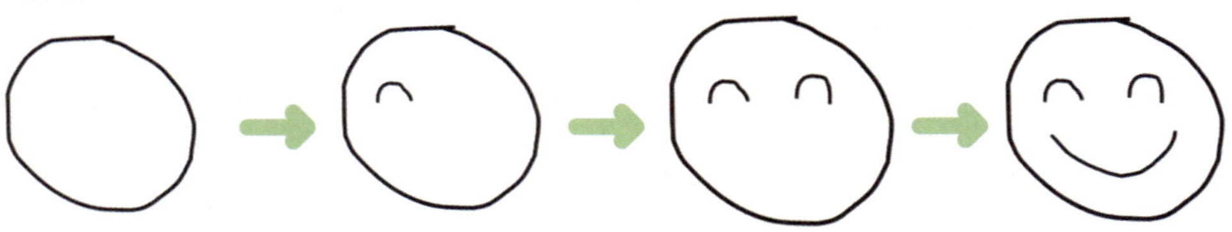

웃는 얼굴

### 2 퀵드로우(Quickdraw)

내가 그림을 보고, AI가 어떤 그림인지 맞출 수 있을까요?

구글 〈퀵드로우〉를 통해 직접 그림을 그리고 확인해봅시다.

◆ 퀵드로우 접속하기

- 아래 주소를 인터넷 검색창에 입력하여 접속해봅시다.
- 퀵드로우 주소
  : https://quickdraw.withgoogle.com/

QUICK, DRAW!
머신 러닝 기술이 학습을 통해 낙서를 인식할 수 있을까요?
여러분의 그림으로 머신 러닝의 학습을 도와주세요. Google은 머신 러닝 연구를 위해 세계 최대의 낙서 데이터 세트를 오픈소스로 공유합니다
시작하기

## ③ 퀵드로우 체험하기

아래 내용을 보며 구글 〈퀵드로우〉를 통해 직접 그림을 그려봅시다.

❶ [시작하기]를 클릭

QUICK, DRAW!
머신 러닝 기술이 학습을 통해 낙서를 인식할 수 있을까요?
여러분의 그림으로 머신 러닝의 학습을 도와주세요. Google은 머신 러닝 연구를 위해 세계 최대의 낙서 데이터 세트를 오픈소스로 공유합니다
시작하기

❷ [알겠어요!]를 클릭

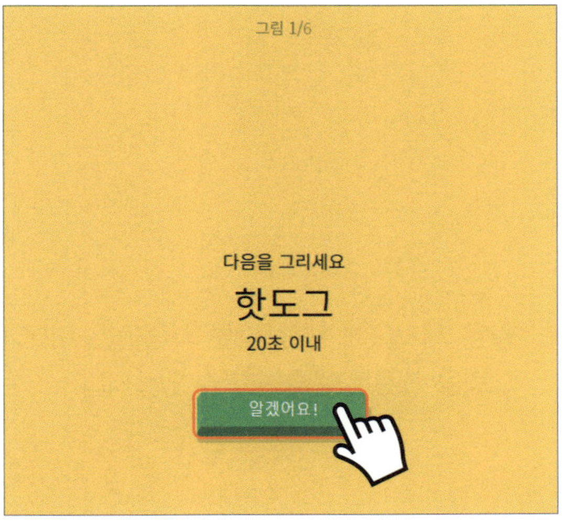
그림 1/6
다음을 그리세요
핫도그
20초 이내
알겠어요!

❸ 클릭 후에 나타나는 화면에 제시어(예시: 핫도그)를 마우스로 그립니다.

- 제한시간 20초 안에 그려야 합니다.
- 그림을 그리고 나면 AI가 그림이 무엇인지 맞춥니다.

00:10

④ 총 6개의 제시어에 대한 그림을 그릴 수 있어요.

- 다시 도전해보고 싶다면 [다시 플레이하기]를 눌러보세요.

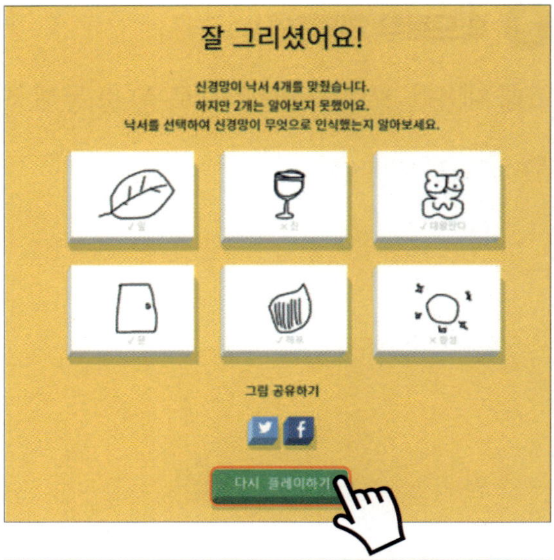
잘 그리셨어요!
신경망이 낙서 4개를 맞췄습니다.
하지만 2개는 알아보지 못했어요.
낙서를 선택하여 신경망이 무엇으로 인식했는지 알아보세요.
그림 공유하기
다시 플레이하기

⑤ 그린 그림 중 하나를 클릭하면 AI가 어떻게 그림을 맞추게 되었는지 확인할 수 있습니다.

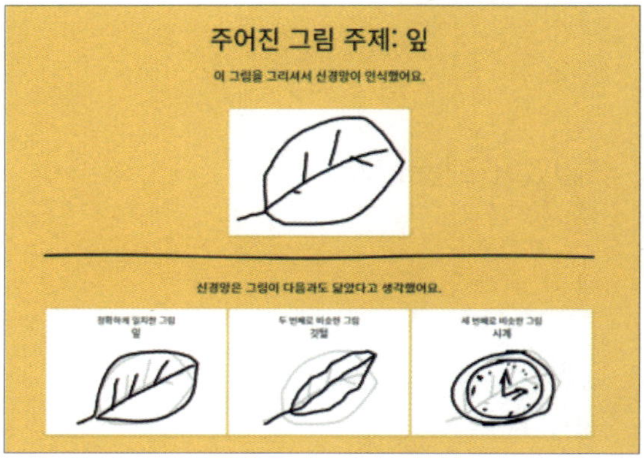
주어진 그림 주제: 잎
이 그림을 그려서서 신경망이 인식했어요.
신경망은 그림이 다음과도 닮았다고 생각했어요.
정확하게 일치한 그림
잎
두 번째로 비슷한 그림
깃털
세 번째로 비슷한 그림
시계

⑥ 같은 제시어에 대해 다른 사람들은 어떻게 그림을 그렸는지 확인할 수 있습니다.

잎의 모양을 신경망이 어떻게 알 수 있었을까요?
신경망은 다른 사람들이 그린 다음과 같은 예를 보고 학습했습니다.

✚ 같은 제시어에 대한 다양한 그림을 비교해봅니다.

퀵드로우 체험을 마쳤다면, 아래 질문에 대답해보세요.

- AI가 내 그림을 잘 맞추었나요?
- AI가 내 그림을 무엇과 비슷하다고 생각했나요?
- 다른 사람들은 어떻게 그림을 그렸나요?

## 4 '나도 인공지능!' 놀이하기

인공지능이 되어 친구들의 그림을 보고 그림이 무엇인지 맞추는 놀이를 해봅시다.

◆ 준비물: 종이, 연필, 지우개

◆ 놀이방법

1. 4~5명이 한 팀이 되어 놀이합니다.
2. 역할을 정합니다.
   - 인공지능(1명) : 그림이 무엇인지 맞추기
   - 사람(3~4명) : 제시어를 보고 그림그리기
3. 인공지능은 눈을 감거나 엎드려 있고, 다른 사람들은 제시어를 하나 정합니다.
   예) 사과
4. 사람들은 20초 이내에 제시어를 그립니다.
5. 20초가 끝나면 인공지능은 사람들이 그린 그림들을 보고 무엇인지 맞춥니다.

### 놀이하기

아래 빈칸에 그림을 그리며 놀이를 해 봅시다.

### 생각해보기

질문1 인공지능이 그림을 잘 맞추었나요?

질문2 인공지능 역할을 한 사람은 그림을 보고 제시어를 어떻게 맞출 수 있었나요?

퀵드로우에서 사용하는 인공지능은 여러분이 그린 그림 데이터를 모두 모아 그림을 정확하게 파악하는 연습을 지금도 계속하고 있습니다.

# Quest 02 초보 AI 미술가 _ 제1전시실: 예술품 따라잡기

1 전시실
짜잔! 내가 그린 그림 좀 봐!
와우!
슥슥
하늘아 정말 잘 그렸는 걸!
이거 고양이 아니야?
나도 볼래!
삐빅! 정답은 고양이 입니다.
이번에는 내 차례! 내 그림을 맞혀 봐라!
슥슥
오~
뭐지?
스르륵-
내가 훨씬 잘 그렸다. 이건 뭔지 모르겠는데?
아니야. 가람이도 잘 그렸어.
삐빅! 정답은 코끼리 입니다!
맞아!
그럼 이제 본격적으로 그림을 그려보도록 하겠습니다. 여러분이 있는 전시실 1은 원래 아름다운 고전 명화로 가득한 곳이었지요.
훌쩍
촤르르륵-
저는 반 고흐의 <장미> 작품이 있다고 해서 미술관 오는 걸 엄청 기대했었어요!
선생님도 기대한 작품이 많았었는데 아쉽구나.

갑작스러운 바이러스의 침입으로 다들 놀라셨겠지만, 여러분도 명화를 만들 수 있습니다. 저 AI 큐레이터를 믿어보세요.
척!
척!
다행이도 아직 밑그림 파일이 있어요. 그중에 하늘이가 찾던 고흐의 <장미>도 있지요.
우와!
밑그림 도안 아래에는 다양한 색상 팔레트가 있습니다. 원하는 색으로 색칠하면 완성입니다.
색상 팔레트
준비 완료!
한 가지 더! 이 전시관 가운데는 고대 유물 도자기가 있었죠. 여러분은 도자기도 만드실 수 있습니다!
도자기는 직접 흙으로 만드는 거 아니야?
도자기도 만들 수 있다고?
슉
턱
네! 여기 흙이 준비되어 있습니다. 물론 직접 만질 수는 없지만, 화면 안에 있지요.
흙
① 흙에 구멍을 내고
② 모양을 잡고
③ 색칠하고
④ 화면 속 가마에 구우면
⑤ 완성!!
흥미진진한걸!! 얼른 해보고 싶어!
좋습니다. 예술 작품 만들러 출발~
나도 나도
휘릭~

STAGE 1 2

# Quest 02 초보 AI 미술가
## _ 제1전시실: 예술품 따라잡기

### 1 구글 아트앤컬쳐(Google Art & Culture)

구글 〈아트앤컬쳐〉는 온라인 상에서 예술 작품들을 감상하고 예술과 관련된 다양한 체험의 기회를 제공하는 플랫폼입니다. 다양한 테마(아티스트, 재료, 화파 등)에 따라 분류된 세계 명화 작품들을 감상하고 다양한 체험활동을 해봅시다.

◆ 구글 아트앤컬쳐 주소: https://artsandculture.google.com/

- 크롬 브라우저를 통해 접속해주세요.
- 크롬의 구글번역기능을 이용하면 한글로 볼 수 있습니다.

1 왼쪽 탭 클릭

2 [실험] 클릭

- 구글 실험실에서는 예술과 관련된 다양한 체험을 할 수 있습니다.

3 아래 활동들을 검색해보세요.

- Art Coloring Book
- 3D Pottery

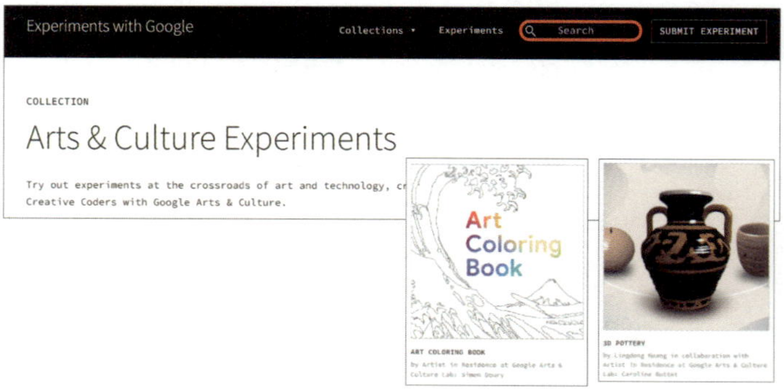

## ② 아트 컬러링 북 체험하기

아래 내용을 보며 구글 〈아크앤컬쳐 – 아트 컬러링 북〉으로 세계 명화 컬러링을 해봅시다.

① [Launch Experiment] 클릭

② [게임 플레이] 클릭

③ 원하는 그림 클릭하고 컬러링하기

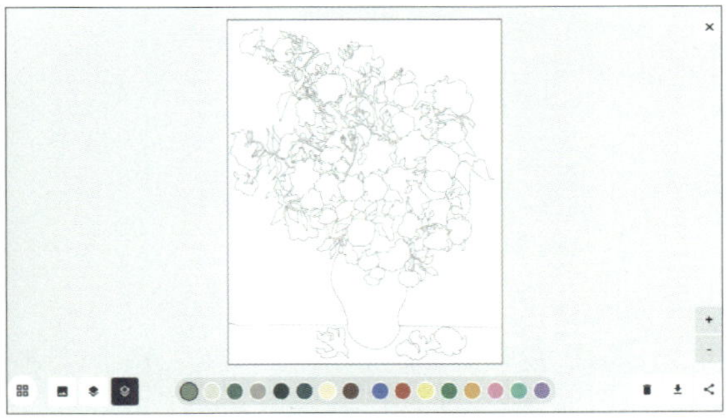

④ 컬러링 화면 설명

## ③ 3D Pottery 체험하기

아래 내용을 보며 구글 〈아트앤컬쳐 – 3D Pottery〉로 도자기를 만들어봅시다.

① [Launch Experiment] 클릭

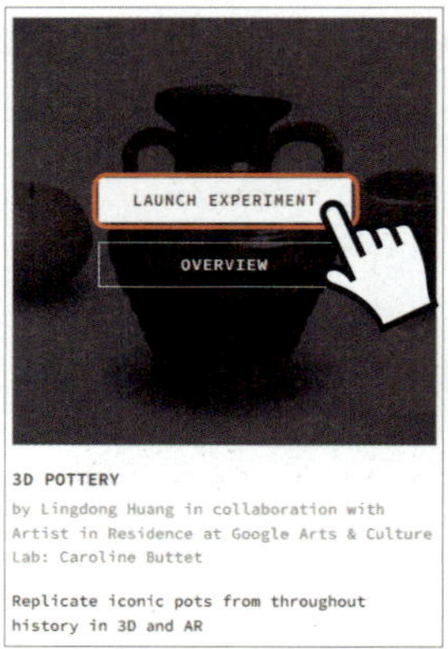


② [게임 플레이] 클릭

③ [Start] 클릭

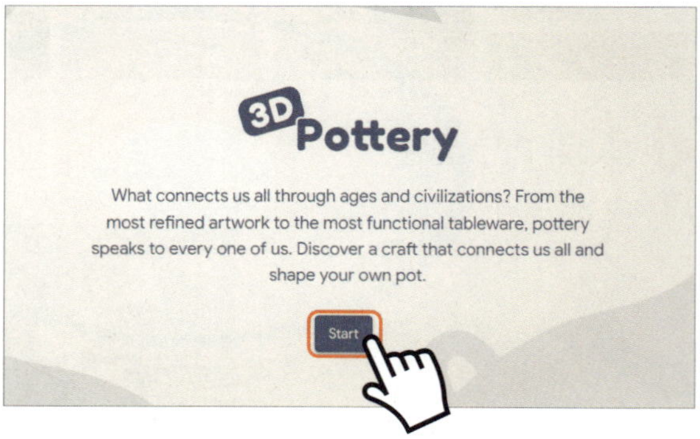


④ [Recreate this pot] 클릭하여 시작

- 처음 시작하면 '그리스 도자기'를 만들게 됩니다.
- 첫 번째 도자기를 완성하면 다른 종류의 도자기 만들기에 도전할 수 있습니다. (총 6종류의 도자기 제작 가능)

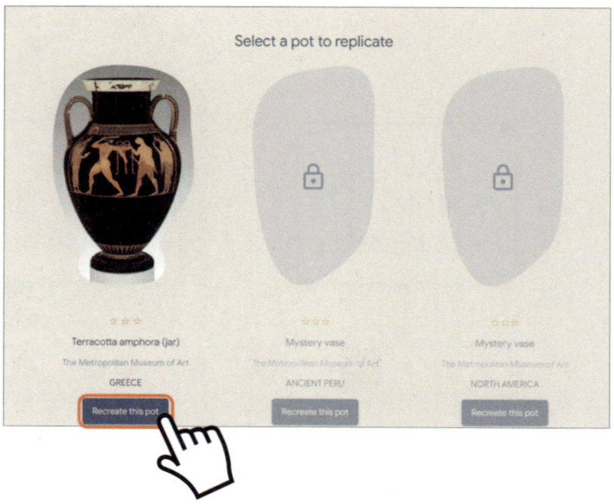

❺ 단계에 맞춰 도자기 만들기

❶ 흙 가운데 구멍 내기

❷ 도자기 형태 만들기

❸ 손잡이 달기

❹ 채색하고 굽기

❻ 도자기 완성

- 모양, 색, 손잡이 등을 기존 도자기의 모양과 비교하여 내가 만든 도자기의 점수가 나타납니다.
- [Share your piece] 왼쪽 버튼을 클릭하여 완성된 내 도자기의 링크를 공유할 수 있습니다.
- [Sculpt another vase] 오른쪽 버튼을 클릭하여 다른 도자기 만들기에 도전해 보세요!

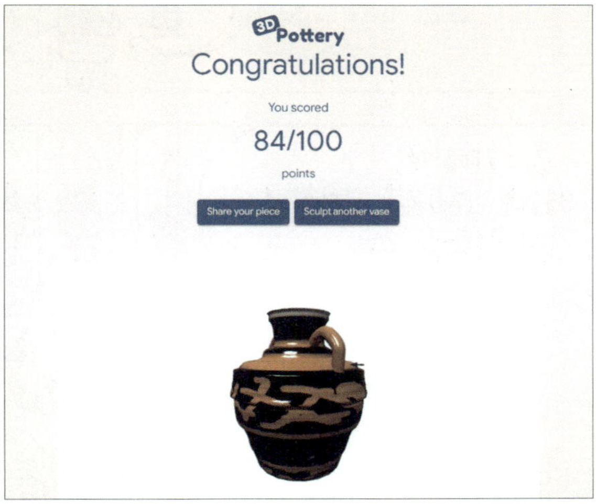


- 스크롤을 내리면 원작 도자기 작품에 대한 설명을 볼 수 있습니다.

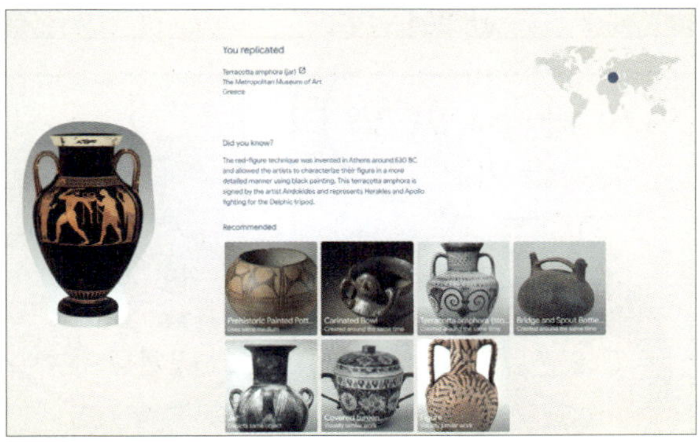


## 도전 과제

- 3D Pottery로 도자기를 만들어 높은 점수를 받아보세요.
- 3D Pottery를 이용하여 나만의 도자기를 제작해보세요.

# Quest 03 AI 풍경화가 _ 제2전시실: 풍경화 따라잡기

짜잔!
우리도 짜잔!
다들 정말 잘 만들었는데! 역시 우리 반 친구들 솜씨가 뛰어나!
도구 없이도 화면에 이렇게 실감 나게 표현한 것이 신기해요.
우와~
흠… 제법이군. 명화로 1전시실을 완성했어. 잠긴 문을 열어 주지.
딸깍
와!
삑!
어? 이건 밖으로 나가는 문이 아닌데?
여기도 화면이 흰색이야. 바이러스에게 작품을 빼앗긴 모양인데?
스르르륵
여기 전시실에 있는 것도 재미있는 걸요?
오호 그림에도 이제 흥미가 생겼나 보지?
이곳은 제2전시실입니다. 저희 미디어아트 미술관의 풍경화가 가득했던 공간이죠.
아련…

그럼 이번 전시실의
우리 미션은 <풍경화> 만들기 인가요?
네, 맞습니다!
얘들아, 풍경화 그리기라면 우리 수업 시간에 해본 적 있지 않니? 어떤 것들을 그리면 좋을까?
제 이름에도 있는 '하늘'을 그려요! 낮의 하늘 밤의 하늘, 노을이 지는 하늘 등등이요.
나무도 그려요!
샤라랄라
그럼! 주변의 자연 풍경들을 그리는 풍경화를 우리가 그렸었지. AI 큐레이터님, 이제 어떤 것부터 시작하면 될까요?
좋아요~
잠깐만요! 풍경화라니… 지난번에 수채화를 그리다가 물을 쏟은 기억이 생생한데 잘 그릴 수 있을까요? 저만 이번 미션 통과 못하면 어떡하죠?
이번이야말로 그림 실력은 상관없어요. 여러분이 간단한 선으로 대충 그림을 그리면 AI가 자동으로 여러분이 그리려고 하는 모양 밑그림을 그려서 추천해 줄 거예요!
색칠은 어떻게 하나요? 하나씩 클릭해서 다 칠하면 팔이 아플 것 같아요.
다양한 색을 쓰고 싶은데 방법이 있나요?
색칠도 쉽게 하는 방법이 있어요! 원하는 색으로 간단한 선을 그어주면 자동으로 금방 칠해지죠!
샤~방
그렇다면 자신감이 조금 생기는데요? 얼른 해보고 싶어요.
좋아요, 그럼 이제 저 AI와 함께 풍경화 그리기를 하러 가볼까요?
Let's go!
폴 폴 폴

STAGE 1 3

# Quest 03 AI 풍경화가
## _ 제2전시실: 풍경화 따라잡기

### 1 오토드로우(AutoDraw)

〈오토드로우〉는 간단한 그림을 그리는 프로그램입니다. 그리고 싶은 모양을 선으로 간단하게 그리면 머신러닝이 추측하여 여러분의 그림과 비슷한 그림을 보여주고 원하는 것을 고를 수 있도록 합니다.

◆ 오토드로우 주소

: https://www.autodraw.com

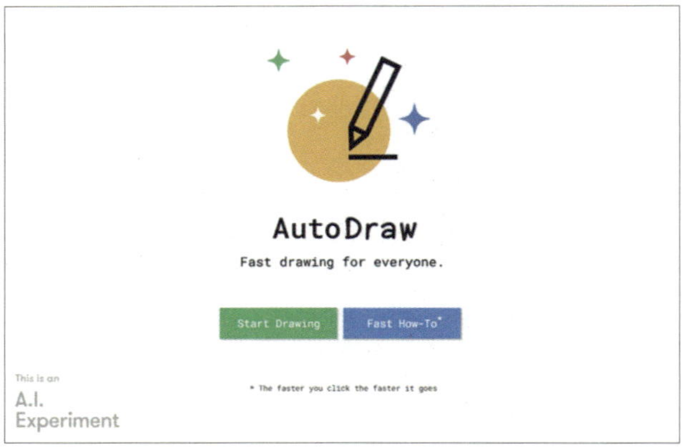


### 2 오토드로우 체험하기

아래 내용을 보며 〈오토드로우〉로 그림을 그려봅시다.

1 [Start Drawing] 클릭

- [Start Drawing] : 그림 그리기 시작
- [Fast How–To] : 사용방법 보기

2 오토드로우 표시를 클릭하고, 빈 화면에 그림 그리기

• 그림을 그리면 화면의 상단에 내가 그린 것과 비슷한 그림을 추천해줍니다.

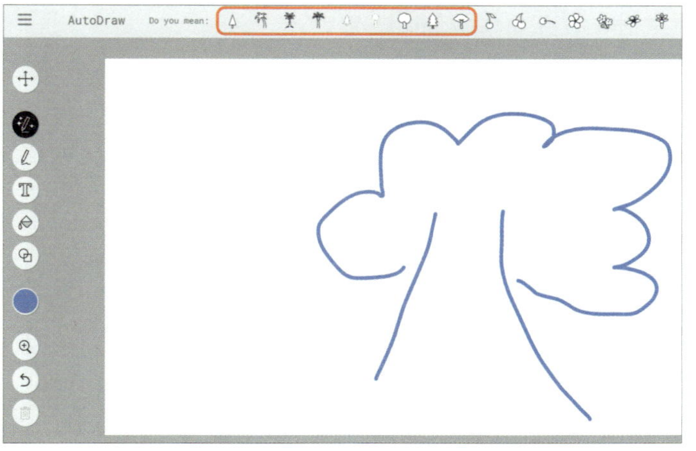


3 상단에 있는 그림 중, 원하는 그림을 클릭하면 내 그림이 클릭한 그림으로 바뀝니다.

4 오토드로우 그리기 버튼 설명

1 Select: 대상 선택하여 위치 변경
2 Draw: 직접 그림 그리기(펜 두께 조절 가능)
3 Type: 글씨 쓰기(폰트, 크기 변경 가능)
4 Fill: 색칠하기
5 Shape: 모양 그리기(원, 사각형, 삼각형만 가능)
6 Color: 좌우 화살표를 클릭하여 다양한 색 사용
7 Zoom: 화면 확대
8 Undo: 되돌리기
9 Delete: 대상을 Select 후 Delete 클릭하여 삭제

❸ 왼쪽 탭을 누르고 원하는 방법으로 작품을 저장 및 공유합니다.

- Download: 그림파일로 저장 (png형식)
- Share: Copy Link 클릭하여 링크 주소 복사

## ❸ 페탈리카 페인트(Petalica Paint)

〈페탈리카 페인트〉는 AI가 자동으로 색칠해주는 프로그램입니다.

오토드로우로 밑그림을 완성한 그림을 페탈리카페인트로 색칠해봅시다.

◆ 오토드로우 주소: https://petalica.com

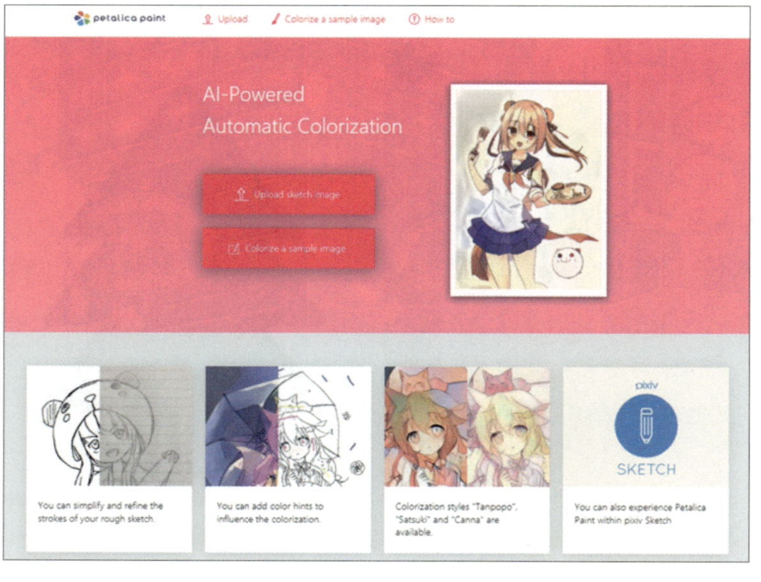

## ③ 페탈리카 페인트 체험하기

❶ 오토드로우로 그린 밑그림 준비

- 색칠하지 않은 그림으로 준비해주세요.
- 오토드로우로 그리고 저장(Download)한 그림을 준비합니다.

❷ [Upload sketch image] 클릭

- 클릭 후 준비한 그림을 업로드합니다.

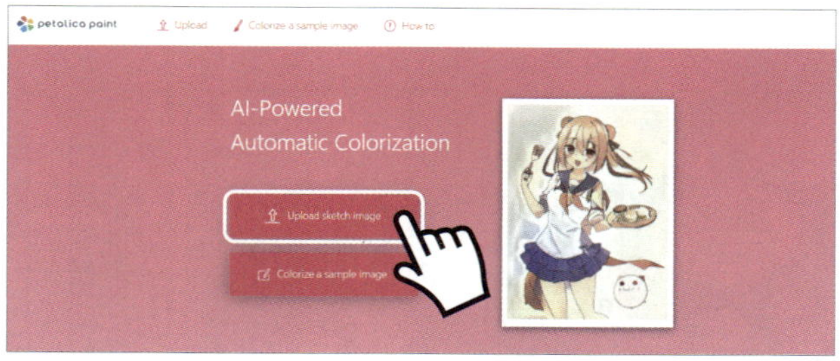


❸ 업로드 된 그림은 자동채색된 버전으로 오른쪽에 나타납니다. 위의 세가지 테마 중 원하는 버전을 클릭해보세요.

❹ 색 팔레트에서 원하는 색으로 왼쪽 그림에 선을 살짝 그어주면 AI가 자동으로 색을 칠해줍니다.

- AI가 색칠한 그림은 오른쪽에서 확인할 수 있습니다.

❺ 완성한 그림은 다운로드 버튼을 눌러 저장할 수 있습니다.

### 도전 과제

- 〈오토드로우〉로 그림을 그리고 〈페탈리카 페인트〉로 색칠하여 나만의 작품을 완성해보세요.
- 〈페탈리카 페인트〉를 이용하여 〈오토드로우〉로 그린 그림을 다양한 버전으로 색칠해보세요.

# Quest 4 AI 웹툰작가 _ 제3전시실: 웹툰 따라잡기

제2전시실도 드디어 완성이다!
그럼 이제 우리 밖으로 나갈 수 있는 건가?
난 미술관에 있는 것도 좋은데… 밖으로 나갈 수 있는지는 나도 궁금하다.
AI 큐레이터, 여기 미디어아트 미술관은 전시실이 몇 개나 있나요? 설마 우리를 모두 돌아다니게 하지는 않겠지?
일단 1층에는 3개의 전시실이 있습니다!
삐비빅!
삑!
빙그르르~
그럼 여기가 2전시실이니까 아직 하나 더 남았나 봐!
팟!
너희들을 기다리고 있었다! 풍경화도 제법 그리는군. 너희들이 그린 풍경화도 탐이 난단 말이야! 하하 이번 전시실 문도 열어주겠다!
와우!
철컥!
슝-
이쪽으로 오시죠. 이제 제3전시실입니다. 여기는 흥미로운 공간입니다. 웹툰의 세계가 펼쳐집니다!

웹툰이요? 그건 내 전문이죠!
척!
너는 읽기 전문이지 않니? 아무래도 우리는 웹툰을 직접 그려야 할 것 같은데?
그림을 그려야 한다면 그건 또 말이 다르죠... 웹툰작가들은 전문적인 도구를 가지고 만드는 것 같던데... 그림체도 엄청나다구요!
어떡하죠?
머쓱~
사실 선생님도 웹툰 그리기는 자신이 없다.. 하지만 웹툰을 만들지 못한다면, 우리는 제 3전시실에서 평생 살아야 할지도 몰라!!
선생님, 힘내세요. 우리에게는 AI큐레이터가 있잖아요! AI큐레이터, 방법이 있겠죠?
물론이죠! 여러분이 웹툰을 쉽게 그릴 수 있도록 준비되어 있습니다.
저는 제가 주인공으로 나오는 웹툰을 그리고 싶은데 그것도 될까요? 저는 항상 웹툰 속 주인공이 되어보고 싶었어요~
샤라라
샤라락~
그럼요! 가능합니다. AI와 함께 웹툰을 그리면 캐릭터 얼굴 표정도, 배경도 쉽게 바꿀 수 있어요. 웹툰 그리기 역시 그림 실력에 자신이 없어도 재미있게 만들 수 있답니다.
휘리릭~
먼저 웹툰을 그리기 전에 정해야 할 것이 있어요.
1 몇 컷으로 만들까?
2 주제는 무엇으로 정하지?
3 어떤 내용으로 그릴까?
선생님은, 우리가 주인공으로 나오는 웹툰을 그리면 재밌겠는데? 지금 미술관에 갇힌 내용으로 만화를 한번 그려볼까?
선생님, 좋습니다. 그럼 자세한 내용은 이동하면서 설명해 드릴게요~
콩!

STAGE 1 4

# Quest 04 AI 웹툰작가 _ 제3전시실: 웹툰 따라잡기

## 1 투닝(Tooning)

〈투닝〉은 간단한 디자인 및 웹툰을 그릴 수 있는 플랫폼입니다. 〈투닝〉의 사용방법을 익혀 만화를 그려볼까요?

◆ 투닝 주소: https://tooning.io

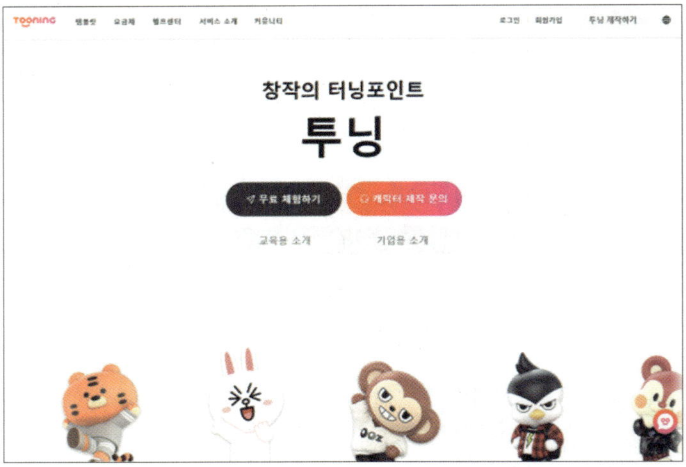


## 2 투닝 알아보기

아래 내용을 보며 〈투닝〉으로 간단한 만화를 그려봅시다.

1 회원가입하기

- 투닝을 이용하려면 회원가입이 필요합니다.
- 가입이 가능한 본인 또는 부모님의 계정을 준비합니다.
- 이메일과 핸드폰 번호를 가지고 [이메일 계정으로 가입하기]도 가능합니다.

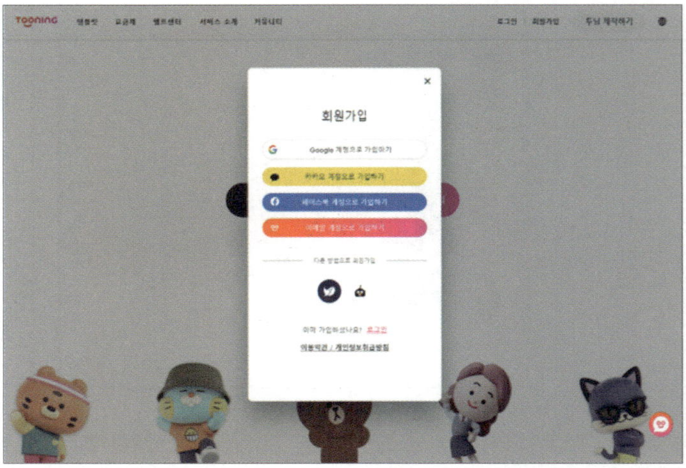

② 로그인 후, [투닝제작하기] 클릭

- 기본 계정에서는 저작물을 3개까지 저장할 수 있습니다.
- 4개 이상은 '투닝PRO'에서 가능합니다. (유료구입 필요)

③ 투닝 제작템플릿 알아보기

**템플릿**

- 투닝에서 제공하는 다양한 템플릿을 이용하여 디자인 또는 웹툰 제작에 활용할 수 있습니다.
- 원하는 템플릿의 양식을 적용해보세요.

**캐릭터**

- 원하는 캐릭터를 클릭하면 빈 화면에 캐릭터가 등장합니다.
- 캐릭터의 외형, 표정, 방향 등을 바꿀 수 있어요.

**텍스트** **말풍선**

- 캐릭터의 말풍선과 말풍선에 넣을 말을 입력할 수 있습니다.

**요소** 도형, 라인, 엑스트라, 물건 등의 요소를 추가할 수 있습니다.

**효과** 장면에 어울리는 효과들을 선택해 추가할 수 있습니다.

**배경** 장면에 어울리는 배경을 선택해서 추가할 수 있습니다.

**사진** 투닝에서 제공하는 사진 중 원하는 사진을 추가할 수 있습니다.

**업로드** 내가 원하는 사진을 직접 업로드 할 수 있습니다.

**드로잉** 직접 마우스를 움직여 장면에 그림을 그릴 수 있습니다.

1. 작품 제목 입력
2. (왼쪽부터) 저장/공유/다운로드
   - [저장]: 투닝에서 변경사항은 자동저장됩니다.
   - [공유]: 내가 만든 작품의 링크를 공유할 수 있습니다.
   - [다운로드]: jpg, pdf 등 다양한 확장자로 저장할 수 있습니다.
3. 보기 방식 설정
   - 세로스크롤/가로스크롤/네컷보기/전체화면 보기
4. 페이지 추가
   - 웹툰 장면 수 늘리거나 줄이기

## ② 투닝의 AI기능 알아보기

투닝의 AI기능을 알아보고 익혀 웹툰을 그려봅시다.

① 장면 화면의 AI 버튼을 클릭하면 다양한 AI기능이 나타납니다.
아래 두 기능은 체험횟수 제한이 있습니다.

- [AI 작가와 스토리 생성]: 총 5회
- [글로 이미지 생성]: 총 3회

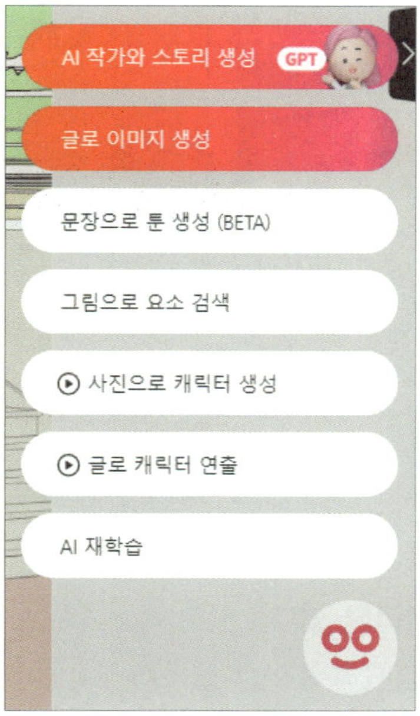


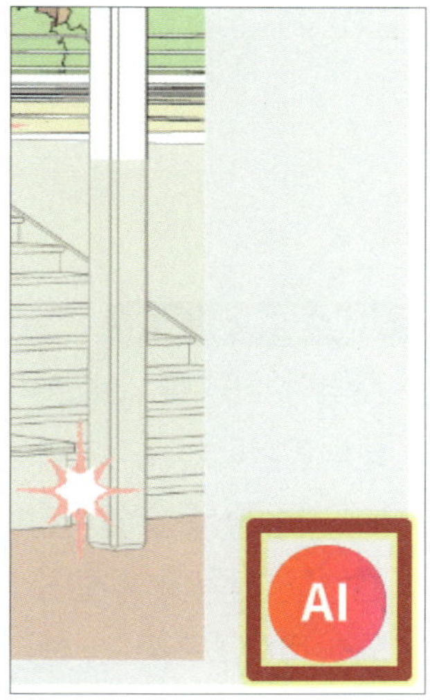


② 다음 AI기능의 설명을 보고 자유롭게 활용해봅시다.

**문장으로 툰 생성**

- 문장을 입력하면, 문장 내용에 맞는 캐릭터와 배경, 장면이 만들어집니다.
  입력 예시) 동글이가 한국으로 여행을 갔다. "우와, 멋지다!!"

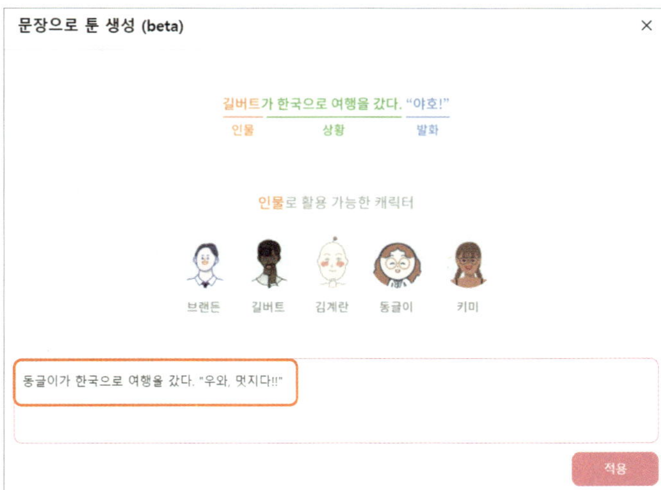


- 같은 내용으로도 다양한 결과물을 만들 수 있습니다.

### 그림으로 요소 검색

- 빈 화면에 그림을 그리면 아래 그림과 비슷한 그림을 추천해줍니다.
- 원하는 그림을 선택하고 [리소스 추가]를 클릭하면 장면에 선택한 그림이 나타납니다.

### 사진으로 캐릭터 생성

- 캐릭터 선택 후, 상단 바의 얼굴을 클릭합니다.
- [AI 자동생성]을 클릭합니다.
- 웹캠을 활용하여 실제 얼굴을 촬영합니다.(구름모양을 클릭하여 사진 업로드도 가능합니다.)
- 촬영된 모습, 표정과 비슷한 캐릭터가 생성됩니다.

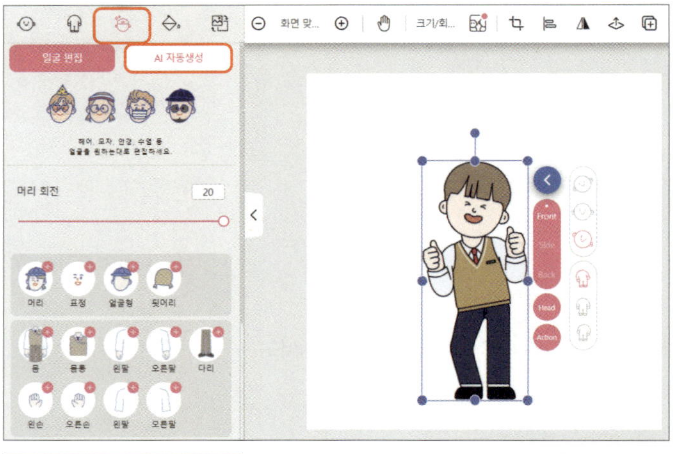

### 글로 캐릭터 연출

- 화면에서 [텍스트]를 클릭 후, 주황색 AI 버튼을 클릭하면 AI가 대사에 어울리는 그림으로 바꿔줍니다.

내가 최고!!
내가 최고!!

## 4 투닝으로 웹툰 그리기

만화로 그릴 내용을 계획한 뒤, 투닝으로 웹툰을 완성해봅시다.

### ◆ 어떤 주제로 웹툰을 만들어볼까요?

• 떠오르는 주제 및 단어들을 아래 빈칸에 적어보세요.

• 위에 적은 내용 중 마음에 드는 것을 주제로 정해봅시다.

주제: ______________________________

### ◆ 웹툰의 장면 수와 장면별로 그릴 내용을 구상해봅시다.

• 아래 빈칸에 원하는 장면 수대로 칸을 나눠 이야기 내용과 순서를 정해보세요.

### ◆ 투닝을 이용하여 구상한 내용을 웹툰으로 만들어봅시다.

• 다양한 AI기능을 활용해보세요.

# Quest 5 AI 현대미술가_특별전시실: 생성형 미술 AI 따라잡기

내 이야기를 만화로 만드니까 내가 정말 작가랑 화가가 된 것 같았어!
가람이 네 작품도 너무 재밌었어!
고마워! 만화 그리기도 생각보다 어렵지 않았고 AI큐레이터, 감사합니다!
하늘아 네 작품 배경이 멋진걸?
선생님 작품도 너무 재미있어요. 선생님 만화처럼 우리 이제 나가서 진짜 수학 여행을 즐기고 싶은걸요!
고맙구나. 이제 AI문화예술 바이러스가 다시 나타나서 문을 열어주겠지? 기다려 볼까?
이건 무슨 소리지?
딸깍
저기가 나가는 문일까요?
이쪽으로!
이곳은! 지하에 있는 미공개 특별전시실 입니다. 저희가 있던 제1, 2, 3전시실의 아래에 있는 공간이죠. 비밀의 문이 있다고 소문은 들었는데 직접 와보는 것은 처음 입니다.
딸깍!
텅~
텅~
텅~
AI문화예술 바이러스가 여기 있는 작품들도 가져갔나봐요. AI 큐레이터가 모르는 곳이었다면 여기 작품들은 무엇으로 채우죠?

아무리 AI의 도움이라도 그림 그리느라 한 달은 걸릴 것 같아요.
우리가 있던 제1, 2, 3전시실을 모두 합친 크기라 너무 넓은걸요.
그런데 공간이 너무 넓어요.
1층 전시실과는 다르게 현대미술 작품들을 주기적으로 바꿔서 보관했다고 합니다. 저희도 그런 작품들도 채워봐요.
빙글
빙글
제가 봐도 공간이 너무 크긴 하네요. 잠시만요! 여기 지하실에 들어오니까 제 본체 속의 수신장치가 가동되는 것 같은데요.
띠링!
1개의 메세지가 도착했습니다!
발신자 : J.H.LEE
내 용 : '생성형 AI 그림 그리기 도구'로 모두 무사히 탈출하길'
첨부파일 : AI ART TOOL
저를 만들어주신 분께서 선물을 보내주셨어요. 이번에는 특별히 새롭고 강력한 AI 도구를 이용하도록 하겠습니다.
생성형 AI 그림 그리기 도구?
'생성형 AI 그림 그리기 도구'는 엄청 빠른 AI인가봐요.
'생성형 AI'는 무엇인가요?
<생성형 AI>는 텍스트, 오디오, 이미지 등 기존 콘텐츠를 활용해 유사한 콘텐츠를 새롭게 만들어내는 인공지능 기술입니다.
-출처: 네이버 지식 백과 '생성형 인공지능'
기존 AI 데이터와 패턴을 학습해 대상을 이해했다면 <생성형 AI>는 기존 데이터와 비교 학습을 통해 새로운 창작물을 탄생시키죠. 우리는 생성형 AI를 활용하여 기존의 그림들을 바탕으로 한 새로운 작품들을 만들 예정입니다.
-출처: 네이버 지식백과 '생성형 인공지능'
우와! 신기해요.
어서 만들러 가봐요! 얼마나 빨리 작품이 만들어지는지도 궁금한걸요.
슝-
그럼 출발!
쌩-

STAGE 1 5

# Quest 05 AI 현대미술가
## _ 특별전시실: 생성형 미술 AI 따라잡기

### 1 생성형 AI와 미술

#### ◆ 생성형 AI란?

> "생성형 AI, 즉 생성형 인공지능(Generative Artificial Intelligence)은 컴퓨터 시스템이 인간과 비슷한 방식으로 정보를 생성하고 출력하는 능력을 가진 인공지능의 한 형태입니다. 이러한 시스템은 데이터에서 새로운 콘텐츠를 생성하거나 변환하며, 이를 텍스트, 이미지, 음성 또는 다른 매체 형식으로 제공할 수 있습니다."
>
> 출처: ChatGPT

위의 설명은 "생성형 인공지능이란 무엇인가요?"라는 질문에 대한 ChatGPT(OpenAI가 개발한 대화형 챗봇으로 생성형 AI의 한 종류)의 답변입니다. 앞장의 설명과 같이 텍스트, 오디오, 이미지 등의 기존 콘텐츠를 활용하여 유사한 콘텐츠를 새로 만들어내는 생성형 AI는 여러 분야에서 활용될 수 있고 실제로 활용되고 있습니다.

이번 장에서는 미술 분야와 관련된 몇 가지 생성형 AI를 알아보고, 이를 활용한 미술작품을 만들어보겠습니다.

### 2 드림바이웜보(Dream by WOMBO) 알아보기

〈드림 바이 웜보〉는 글을 입력하고 그림 스타일을 지정하면 AI가 그림을 그려주는 프로그램입니다. AI와 함께 그림을 그리러 가볼까요?

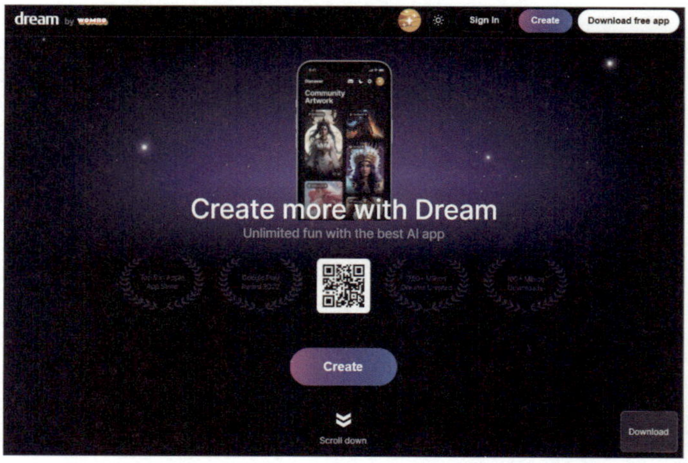

❶ Create 클릭

❷ 한글 또는 영어로 프롬프트를 입력

**프롬프트 입력 방법**

1. 그리고 싶은 내용을 구체적으로 적습니다.
2. 영어로 입력할 경우, '번역 프로그램(구글번역, 파파고 등)'을 이용하여 1)의 내용을 영어로 번역합니다.
3. 영어로 번역한 내용을 복사(Ctrl+C) 후 입력 창에 붙여넣습니다.

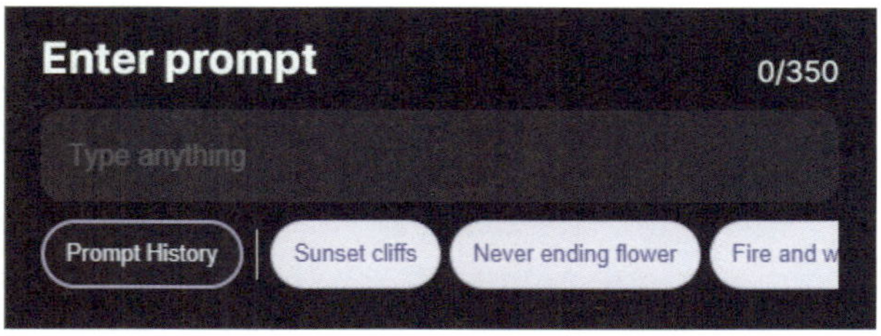

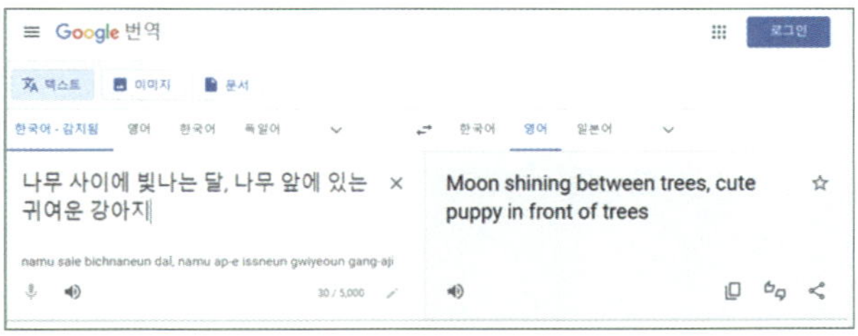


출처: 네이버 파파고, 구글 번역

✚ 프롬프트를 구체적으로 입력할수록 원하는 작품을 잘 얻을 수 있습니다.

❸ 그림 스타일(Art Style) 클릭

- 스크롤을 내리면 다양한 그림 스타일을 확인할 수 있습니다.
- PREMIUM 표시가 있는 것은 유료 버전에서 사용 가능합니다.

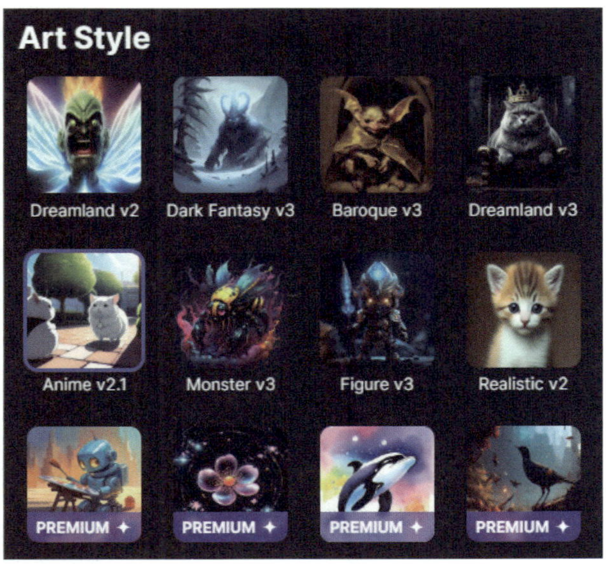

④ Create 클릭

- 프롬프트로 입력한 내용에 따라 AI가 만든 작품이 오른쪽에 나타납니다.

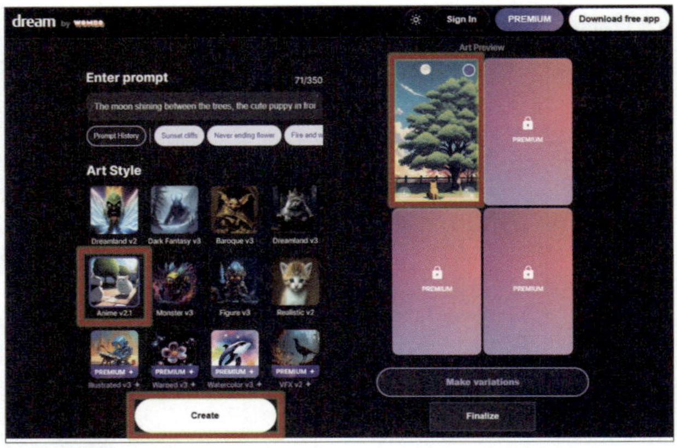


- 왼쪽 하단: 다운로드하기
- 오른쪽 하단: 크게 보기

**그림 스타일 추가 설명**

- 그림 스타일에 따라 AI가 다양한 그림을 만들어줍니다. 동일한 그림 스타일을 선택해도 다양한 결과물을 볼 수 있습니다.
- 오른쪽은 모두 같은 프롬프트를 입력한 그림입니다.

**사진 추가하기 기능**

- 스크롤을 더 내리면 '그림 스타일' 아래에 '사진 추가하기'가 있습니다.
- AI가 그림을 만들 때 참고할 만한 사진을 추가해보세요.

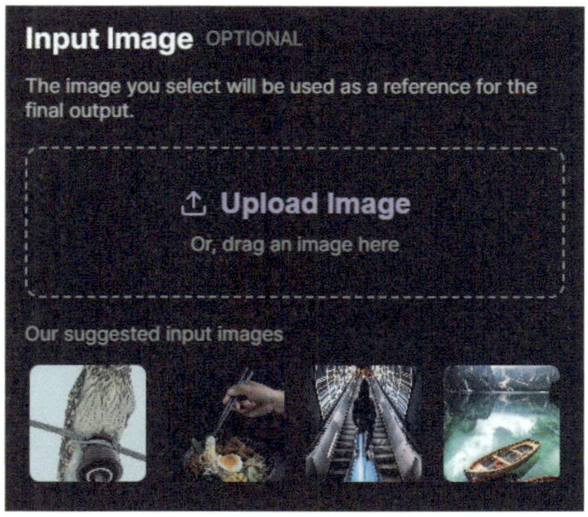


- 사진은 정해진 비율로만 업로드할 수 있습니다. 정해진 비율에 맞춰 잘라주세요.

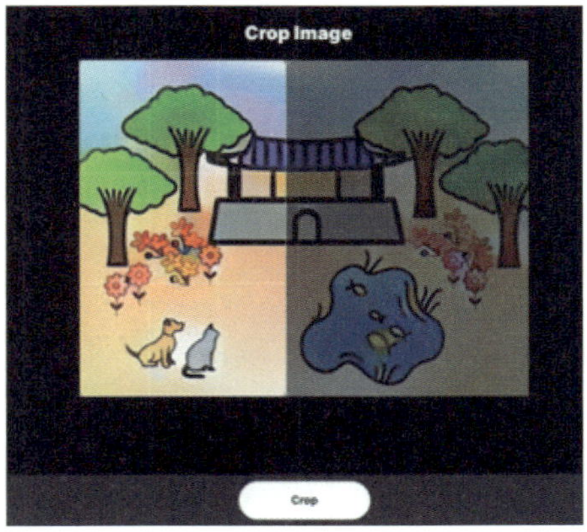


- 사진을 업로드 후, Create 클릭

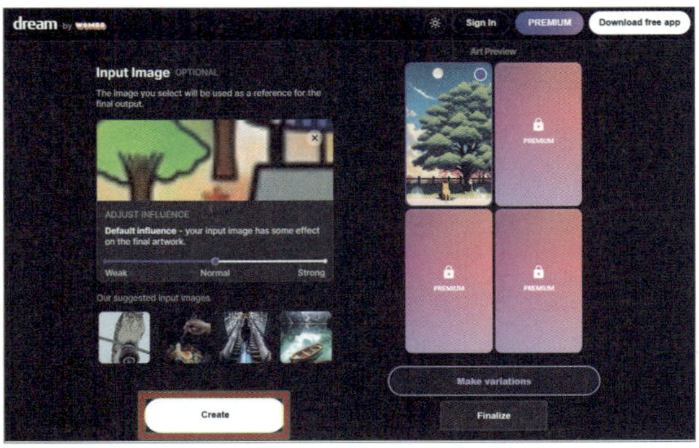

## ③ 달리(DALL E2) 알아보기

〈달리(DALL · E2)〉도 AI가 그림을 그려주는 프로그램입니다. 달리와 그린 그림은 드림바이웜보가 그린 그림과 무엇이 다른지 비교해보며 AI와 함께 그림을 만들어봅시다.

◆ 달리 주소: https://openai.com/dall-e-2

**회원가입하기**

- DALL-2를 이용하려면 회원가입이 필요합니다.
- 본인 또는 부모님의 계정을 이용하여 가입합니다.

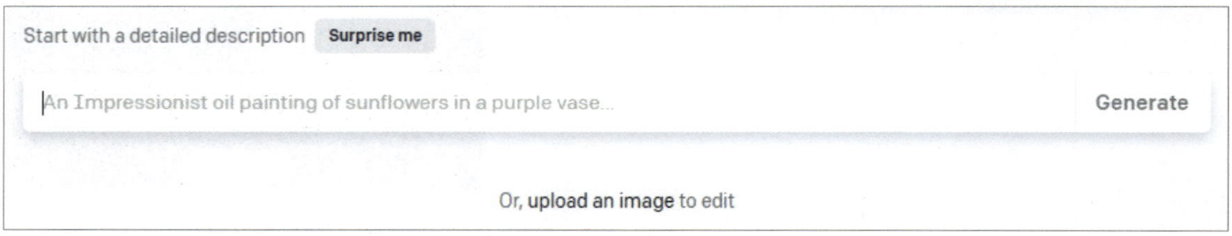


**이미지 생성하기**

① 글 또는 그림 입력

- 글은 영어로 입력하는 것을 권장합니다. (번역 프로그램을 이용하세요.)

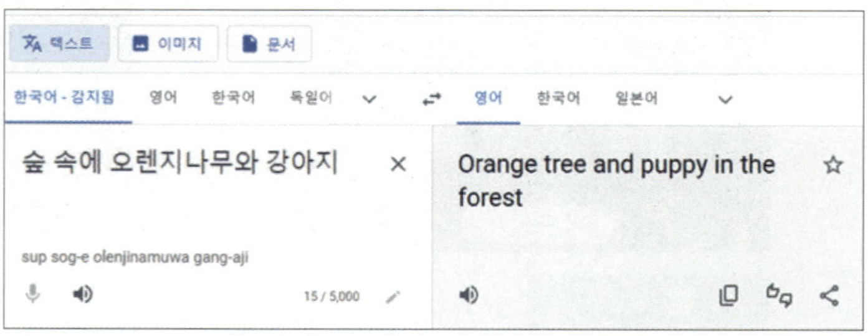


출처: 구글번역

② Generate 클릭

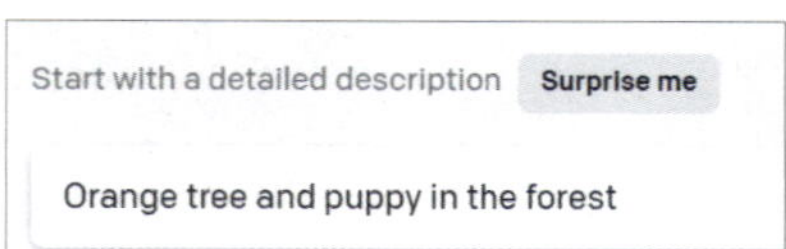

• [Surprise me]를 클릭하면 입력할 수 있는 다양한 묘사 예시를 보여줍니다.
  예) 아보카도 모양의 안락의자
  예) 체커를 하는 고양이를 그린 살바도르 달리의 초현실주의 꿈 같은 유화
  예) 짙은 파란색 종이에 아이스크림 콘 몸을 가진 귀엽고 다채로운 괴물들을 그린 크레용 그림

• 스크롤을 내려 다양한 예시 작품들을 감상할 수 있습니다.

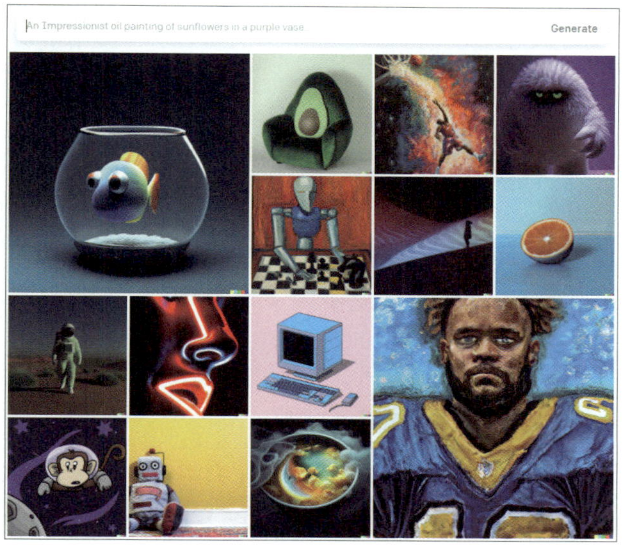


**× 유의사항**

• DALL-E 2를 시작하면 처음에 15크레딧이 제공됩니다.
• 그림을 한번 만들때마다 1크레딧이 사용됩니다.
• 크레딧을 다 쓴 경우, 1달 뒤에 다시 자동으로 채워집니다.
• 한달에 15크레딧 이상 사용하려면 유료 결제가 필요합니다.
• 남은 크레딧은 오른쪽 계정을 클릭하여 확인할 수 있습니다.

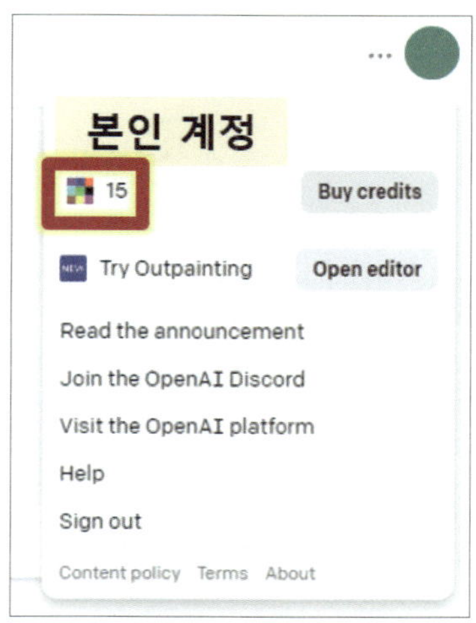

**유명 화가 스타일로 그림 변형하기**

- 본인이 원하는 화가 또는 그림 스타일을 입력하면 같은 설명으로도 다른 그림을 만들 수 있습니다.
  예) Van Gogh style, pixel art 등등

- AI가 만들어준 사진 중 원하는 사진을 선택하고 Variation을 클릭하면, 내가 선택한 사진의 다양한 변형 작품을 확인할 수 있습니다.

**그림 수정하기(Inpainting)**

주어진 그림을 보고 AI가 그림의 일부를 수정해줍니다.

1. 그림 업로드하기
2. 수정하고 싶은 부분을 지우개로 지우기

❸ 수정할 부분에 대한 설명 입력하고 Generate 클릭하기

Edit With a plate with a piece of strawberry cake on it

**그림 외부 그리기(Outpainting)**

• 주어진 그림을 보고 AI가 그림 외부를 이어 그려주는 기능입니다.

❶ 사진을 업로드하기

❷ 그림 그릴 구역(파란 사각형)을 정하기

❸ 영어로 설명 추가하기

Edit Three sandwiches on kitchen table with vase

❹ Generate 클릭

• 4가지의 그림이 생성됩니다.

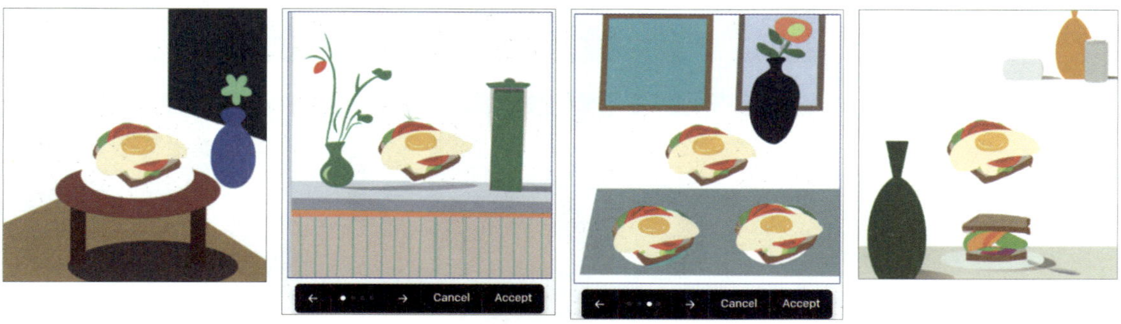


❺ 추천해주는 4가지 그림 중 마음에 드는 것을 선택하고 Accept 클릭

## 4 생성형 AI를 이용하여 나만의 그림 만들기

아래는 동일한 내용의 프롬프트를 영어와 한글로 각각 〈드림바이웜보〉와 〈달리2〉에 입력해서 만든 작품들입니다. 생성형 AI의 종류와 프롬프트 입력 언어에 따라 무엇이 다른지 살펴보세요.

◆ **입력한 프롬프트:**

[영어] 3 cats flying in the starry night sky

[한글] 별이 빛나는 밤하늘을 날아다니는 고양이 3마리

<table>
<tr><th>생성형 AI</th><th>프롬프트<br>입력 언어</th><th colspan="4">결과물</th></tr>
<tr><td rowspan="2">드림바이<br>웜보</td><td>영어</td><td></td><td></td><td></td><td></td></tr>
<tr><td>한글</td><td></td><td></td><td></td><td></td></tr>
<tr><td rowspan="2">DALL-E2</td><td>영어</td><td></td><td></td><td></td><td></td></tr>
<tr><td>한글</td><td></td><td></td><td></td><td></td></tr>
</table>

마음에 드는 생성형 AI를 하나 정하고, 적절한 프롬프트를 입력하여 나만의 그림을 만들어 봅시다.

1 어떤 그림을 그릴까요?

- 그림에 어떤 사물/사람/풍경을 그릴까요?
- 그리고자 하는 내용을 자세히 표현해보세요.(색상, 질감, 형태 등)
- 내가 그리고 싶은 그림을 자세히 묘사합니다.
- 자세히 설명할수록, 내가 원하는 그림을 AI가 완성도 높게 그려줄 수 있습니다.

2 번역프로그램을 활용하여 묘사한 내용을 영어로 바꿔봅시다.

3 생성형 AI로 프롬프트를 입력해 그림을 만들어보고, 다양한 버전으로 제작해봅니다.

4 마음에 드는 작품을 골라 제목과 설명을 적어봅시다.

- 제목:
- 작품설명:

# Quest 6 음악 AI 체험 _ 음악과 AI의 만남

드디어 탈출! AI 큐레이터 고마워요~
고마워 AI~
축하 합니다!
으... 분하다
얘들아, 지금 몇 시니?
선생님 저희 미디어아트 미술관에 너무 오래 있었나봐요. 1 시간 뒤면 뮤직 페스티벌 시작할 시간이에요!
뮤직 페스티벌은 절대 놓치면 안돼요!
쌩~
버스 타고 이동!
우리의 수학 여행은 이제 시작!
슝
둥 둥 둥
뮤직 페스티벌
둥둥
우와!
저기다.
우와아아아
어? 공연 일정표가 나왔나봐!
제이야, 얼른! 오늘 첫 번째 순서는 누구야?
띠링
앗! 아까 봤던 바이러스잖아. 우리를 따라온 거 아니야?
파지직!
파직!
음악이 꺼졌어!
이게 뭐지?
클릭

어? 갑자기 악보 파일이 안 열리는데?
너도? 나도 악보가 안 열리는데? 패드가 작동하질 않아!
웅성~
음악이 안 나와!
웅성~
어떡하지?
악보가 없으니 연주를 못하겠지?
하하하
캬하
교수님, 안녕하세요! 교수님도 뮤직 페스티벌에 오셨나 봐요?
제이야, 오랜만이구나!
아무래도 이곳에 무슨 문제가 생긴것 같구나. 갑자기 통신이 잘 안되는 걸.
네, 교수님! 이건 AI 문화예술 바이러스의 짓이 분명해요. 이 바이러스 때문에 여기 오기 전에 들렀던 미디어아트 미술관에서도 한바탕 소동이 있었어요!
그럼 정말 너희를 따라온 모양이구나. 여기서는 어림없지! 일단 무사히 뮤직 페스티벌이 진행되도록 우리가 연주자들을 도와주자꾸나. 제이, 너의 역할이 중요해!
교수님, 제가 어떻게 도와드릴 수 있죠? 옆에 있는 저 로봇은 무엇인가요? 어디서 많이 본 것 같은데..
안녕하세요!
아! 네가 미술관에서 본 AI큐레이터의 동생 AI봇이란다. 둘이 정말 비슷하게 생겼지? AI봇이 우리의 음악 프로젝트에 큰 도움이 될 거야.
만나서 반갑습니다~
반가워~ AI봇!
교수님! 저희도 같이 도울게요!
그럼 이제 시작해 볼까요? 제일 먼저 AI봇과 간단한 음악을 만들러 가봅시다!
Go! Go!
샘~

STAGE 2 6

# Quest 06 음악 AI 체험

## – 음악과 AI의 만남

### 1 페인트 위드 뮤직(Paint with Music) 알아보기

그림을 그려서 음악을 만들어보면 어떨까요? 캔버스에 붓질 한 번으로 노래를 만들 수 있다면 어떨까요? 〈페인트 위드 뮤직〉을 통해 나만의 그림을 그리고 만들어지는 음악을 감상해 봅시다.

◆ **페인트 위드 뮤직 주소:** https://experiments.withgoogle.com/paint-with-music

**1** 오른쪽 화면에서 원하는 배경 선택

- '하늘, 바다, 담벼락, 종이' 중 선택
- 배경마다 그림 그리는 색과 음악이 다릅니다.

**2** 그림 그리기 버튼 설명

**악기 선택**

- 화면의 왼쪽 아래에서 '원하는 악기'를 클릭하고 그림을 그리면 음악이 완성됩니다.
- 악기마다 정해진 다른 색으로 그림을 그릴 수 있습니다.
- 배경에 따라 제일 오른쪽에 사용할 수 있는 도장이 있습니다.

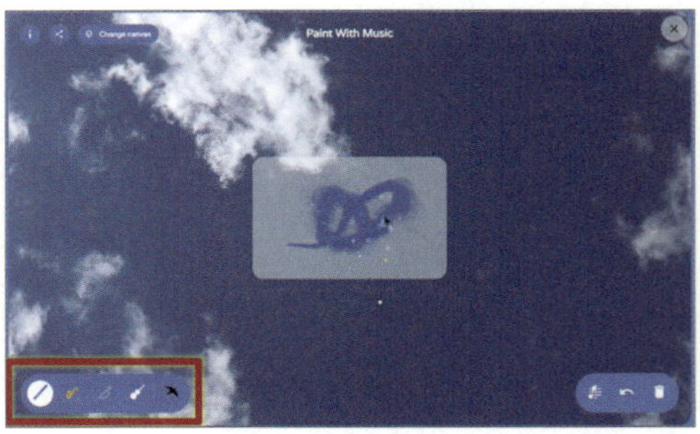


**음계 확인** **뒤로가기** **삭제 버튼**

- 음계 버튼을 누르면 오른쪽과 같이 캔버스의 위치별로 소리나는 음을 확인할 수 있습니다.

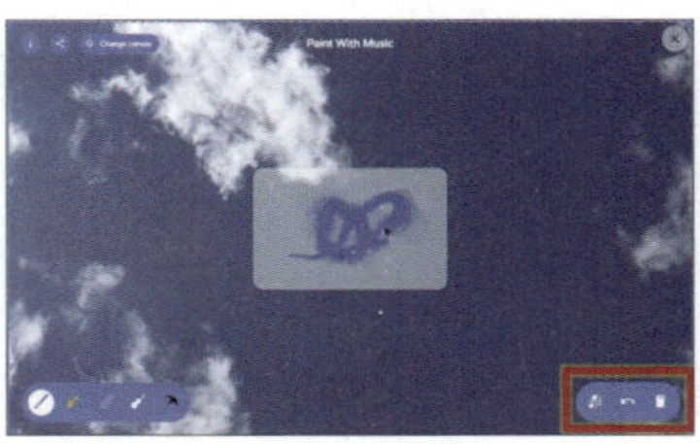

작품 공유 캔버스 배경 바꾸기 버튼

- 링크주소 복사하여 작품을 공유할 수 있습니다.

## 2 페인트 위즈 뮤직으로 음악 만들기

작품의 주제를 정한 뒤, 캔버스에 그림을 그려 음악을 만들어봅시다.

1 어떤 주제로 그림을 그려볼까요?

예) 봄

2 여러 악기를 이용하여 캔버스에 그림을 그려봅시다.

3 내가 그린 그림의 음악을 감상해보고, 작품에 제목을 만들어봅시다.

제목: ______________________________

4 내가 그린 그림의 음악은 어떤 느낌인가요?

- 다른 배경으로 바꾸어 같은 그림을 그려보고, 음악을 감상해보세요.

## ③ 베토벤 비트(Beethoven Beats) 알아보기

〈베토벤 비트〉는 박자를 입력하면 해당 박자가 들어있는 베토벤의 음악을 찾아주는 프로그램입니다. 내가 입력한 박자가 어떤 음악이 되는지 찾아볼까요?

◆ **베토벤 비트 주소: https://experiments.withgoogle.com/beethoven-beats**

Beethoven Beats
Tap a rhythm to match a Beethoven piano sonata. A project in collaboration with Deutsche Grammophon.
실험 실행
Google Arts & Culture
EXPERIMENTS

① 빨간 선 위를 마우스로 클릭하여 나만의 박자를 입력해주세요.
- 왼쪽은 박자를 입력하는 화면입니다.
- 박자는 4초 동안 입력할 수 있습니다.

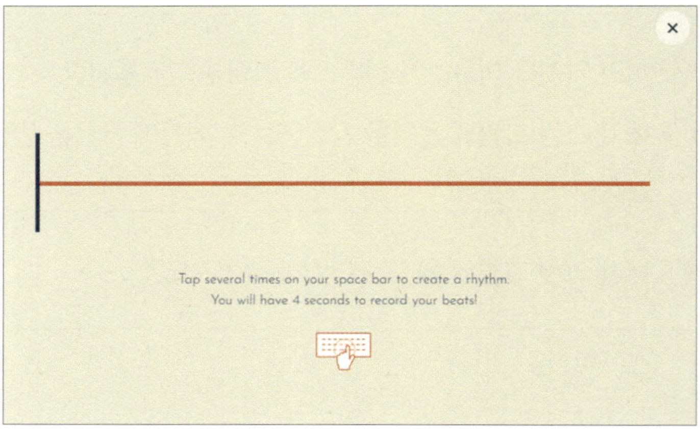
Tap several times on your space bar to create a rhythm.
You will have 4 seconds to record your beats!

② 4초가 지나면, AI가 베토벤의 음악 중 내가 입력한 박자와 일치하는 부분의 음악을 찾아서 들려줍니다.

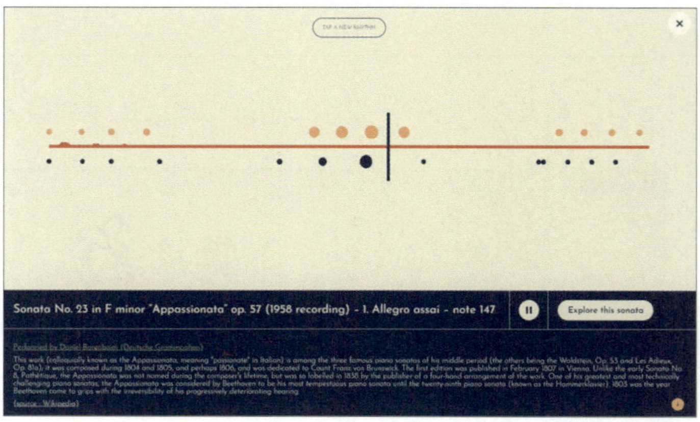
Sonata No. 23 in F minor "Appassionata" op. 57 (1958 recording) - I. Allegro assai - note 147
Explore this sonata

**화면 설명**

- Tap A New Rhythm: 박자 다시 입력하기 버튼
- 빨간 선 상단: 내가 입력한 박자
- 빨간 선 하단: AI가 찾은 베토벤 노래 속 박자

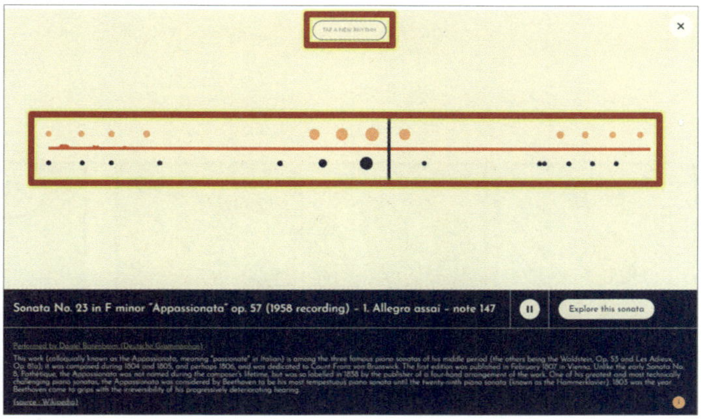


- 화면의 하단에는 AI가 찾은 베토벤 음악 제목과 음악에 대한 설명이 있습니다.
- AI가 찾은 베토벤 음악의 전체를 들을 수도 있습니다.

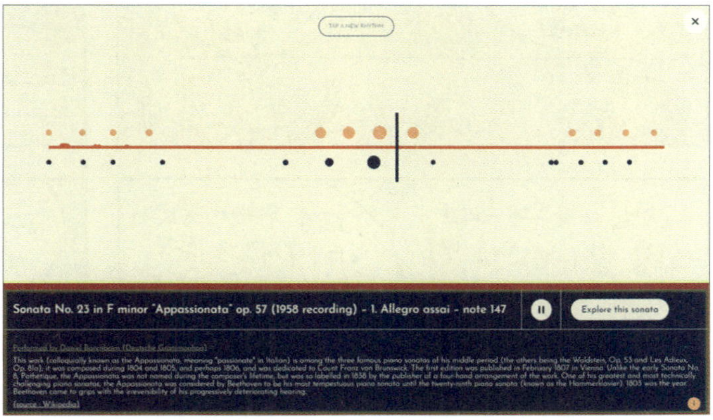


## 4 베토벤 비트(Beethoven Beats) 체험하기

나만의 박자를 만들고 〈베토벤 비트〉로 음악을 찾아봅시다.

**1** 박자를 만들어 볼까요?

- 4초동안 진행되는 박자를 만들어봅시다.

- 만든 박자를 박수치기로 표현해보세요.

**2** 내가 만든 박자는 어떤 음악이 될까요?

- 베토벤 비트로 내가 만든 박자에 해당하는 음악을 들어보세요.
- 어떤 음으로 음악이 만들어졌는지 살펴봅시다.

**3** 다양한 박자를 만들어보고 음악을 체험해보세요.

# Quest 7 AI 오페라 작곡가_스테이지1: 오페라 따라잡기

따라라라라라~
내가 그린 그림이 음악이 되다니 신기해요!
멋진 그림에 멋진 음악! 아주 좋아요!
리듬을!!
따단! 따다다다단! 따다다다단!
둥
둥
가람이 멋지다!
와-
와-
가람이도 제법이구나!
교수님, 아직 무대 순서가 한참 많이 남았어요. 남은 시간들은 어떻게 채우죠?
오프닝 무대가 끝났으니 이제 본격적으로 뮤직 페스티벌을 준비해야겠구나!
후-
교수님, 뮤직페스티벌에 가수는 없나요?
선생님, 좋은 제안이에요. 그러고보니 노래하는 공연도 있으면 좋겠네요.
설마, 저희가 직접 노래하지는 않겠지요? 사실... 저는 노래를 잘 못 불러요. 음정과 박자가 안 맞아서 제가 노래를 부를 때면, 사람들이 자주 웃더라고요..
샤샤샥
하하하
걱정 마세요. 노래하는 공연은 있겠지만 저희가 노래하지는 않을 거예요! 조금 있으면 화면에 도와줄 친구들이 나타날테니 기다려 보세요!
그죠?

하이!
요!
호우!
하이
통통
통통
통통
통통
이제 온 것 같군요!
소개하겠습니다. 오늘의 오페라 공연자들이십니다!!
와~
와~
와~
안녕하세요!~
멀뚱~
교수님, 오페라 공연을 해주신다고 했는데 왜 다들 조용히 있나요?
등장할 때는 멋지게 한마디씩 소리를 내주셨는데 인사도 안 받아주시는 것 같아요.
AI봇, 친구들이 많이 궁금한가 봅니다. 설명해 주세요~
여기 등장한 4명의 오페라 연주자들은 노래를 불러줄 '블롭' 입니다. 조금 전에 나타나면서 블롭이 낸 소리들은 저와 교수님께서 직접 움직여서 만든 것입니다.
그럼 소리를 내는 인형같은 것이군요?
!
그렇다고 볼 수도 있겠네요. 여러분이 쉽게 오페라를 만들고 체험해 볼 수 있도록 한 AI입니다.
블롭은 맡은 성부에 따라 4명 중 1명만 움직여도 화음을 내며 오페라 음악을 연주합니다.
블롭
그럼 직접 블롭이 연주하는 노래들도 들어보고, 우리도 얼른 오페라 곡을 연주하러 가봅시다!
좋아요!

STAGE 2 · 7

# Quest 07 AI 오페라 작곡가 _ 스테이지1: 오페라 따라잡기

## 1 오페라란?

오페라를 감상한 경험이 있나요? 오페라란, 대사에 음악을 붙인 것을 말합니다. 오페라에서 가수들은 혼자서 또는 여럿이서 노래를 부르며 무대 위에서 이야기가 담긴 공연을 보여줍니다. 배역에 따라 오페라 가수는 소프라노, 메조소프라노, 테너, 베이스 등의 역할을 맡아 노래하며 노래를 통해 주인공의 감정, 성격, 행동 등을 묘사합니다.

아래의 오페라 두 곡을 감상하고 다음 질문에 답해보세요.

1 오페라 마술피리 〈밤의 여왕의 아리아〉

• 노래를 통해 어떤 장면을 표현했나요?

• 곡의 분위기는 어떠했나요?

2 오페라 라 트리비아타 〈축배의 노래〉

• 노래를 통해 어떤 장면을 표현했나요?

• 곡의 분위기는 어떠했나요?

## 2 블롭 오페라(Blob opera)

블롭 오페라의 주인공인 블롭들은 '베이스, 테너, 메조소프라노, 소프라노' 네 개의 파트로 나누어 오페라를 노래합니다. 하나의 블롭이 소리를 내면 나머지 블롭들도 어울리는 화음을 만들어 노래를 부르지요. 〈블롭 오페라〉를 통해 오페라를 체험해봅시다.

◆ 블롭 오페라 주소: https://experiments.withgoogle.com/blob-opera

## 3 블롭 오페라 체험하기

1 튜토리얼 체험하기

- 베이스, 테너, 메조소프라노, 소프라노 순서로 튜토리얼 연습을 합니다.
- 음정 변경: 블롭 캐릭터를 위아래로 드래그
- 모음소리 변경: 블롭 캐릭터를 좌우로 드래그

**× 참고자료**

- 오페라 마술피리 〈밤의 여왕의 아리아〉 : 밤의 여왕(소프라노 역)의 독주곡. 노래의 본 제목은 "지옥의 복수가"이다. 이 곡은 밤의 여왕이 딸 파미나에게 단검을 주며 자라스트로를 죽여 복수하라는 내용으로 "자라스트로를 죽이지 않으면 너는 내 딸이 아니다"라는 가사가 담겨있다.
- 오페라 라 트리비아타 〈축배의 노래〉 : 알프레도가 먼저 노래를 시작하고 비올레타와의 2중창이 이어지며 마지막에 합창이 더해지는 아리아. 알프레도와 비올레타가 만나 사랑이 시작되는 장면으로 파티의 신나는 분위기를 표현한 곡이다.

## ❷ 블롭 오페라 곡 감상하기

- 오른쪽 버튼을 눌러 세계 여러 나라에서 블롭이 부르는 오페라 연주를 들을 수 있습니다.
- 세계 각국의 도시 및 각 나라의 노래를 선택할 수 있습니다.

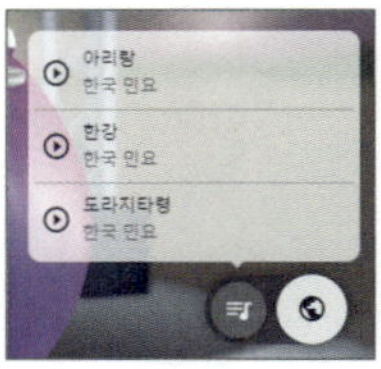


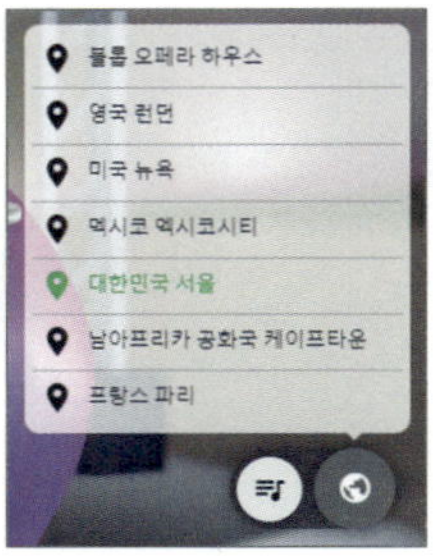


## ❸ 오페라 만들기

- 직접 블롭을 움직이며 나만의 오페라를 만들 수 있습니다
- 베이스를 클릭하면 혼자, 테너를 클릭하면 베이스와 함께, 메조소프라노를 클릭하면 베이스, 테너와 함께, 소프라노를 클릭하면 모든 블롭들이 함께 화음을 만들어 노래합니다.
- 녹화 버튼을 클릭하여 만든 오페라를 동영상으로 녹화할 수 있습니다.
- 녹화가 완료되면 '공유'를 클릭하여 만든 작품의 링크를 공유할 수 있습니다.

## 4 나만의 오페라 만들기

〈블록 오페라〉를 이용하여 나만의 오페라를 제작해봅시다.

### 1 표현할 장면 정하기

- 어떤 이야기를 오페라로 표현할지 정합니다.

- 이야기 중 표현할 장면을 정합니다.

- 표현할 장면의 줄거리와 대사를 정합니다.

- 어떤 분위기의 노래로 표현할지 구상해봅시다. 이야기 전개상 분위기가 바뀌는 경우, 음정과 배역을 변화시켜보세요.

### 2 오페라 곡 만들기

- 장면에 어울리는 음정과 배역을 사용하여 곡을 만듭니다.
- 블록 오페라로 만든 나만의 오페라 작품을 동영상 녹화하여 주변에 공유해보세요.

# Quest 8 AI 클래식 작곡가_스테이지2: 클래식 따라잡기

그렇지 그렇게!
여기서 화음을~
탁 탁
아 아 아~
우~
우우우~
선생님과 제이의 연주가 너무 멋있어요. 와우!
서정적이고 아련한 느낌이 드는 선율이에요!
하 하하
선생님, 아주 연주가 대단했습니다.
그럼요! 이런 방법으로 부르는 노래라면 저도 자신있습니다. 하하!
으쓱
으쓱~
제이야, 무대 아주 멋있었어!
블롭들이 제 역할들을 아주 잘했나 보네! 아!아!~ 어때 나는 소프라노 같아? 아님 알토?
삐빅, 제이는 테너입니다.
그럼 여러분 다음 공연 시간이 얼마 남지 않았습니다. 다음 무대를 준비하러 가시죠.
하하하
하하하
하하하
흠... AI봇, 원래 뮤직 페스티벌 프로그램 중 어떤 것들이 있었나요?
클래식 공연이 몇 팀 있었습니다.

그럼 이제 클래식 음악을 연주하는 시간인가요?
클래식 좋아요!
저는 클래식을 잘 몰라서 아는 작곡가도 별로 없는데 어떻게 하죠?
가람아! 이 노래 알지? "도도 솔솔 라라 솔~ 파파 미미 레레 도~"
그럼 알지! 작은별이잖아.
번쩍
하하
이건 모차르트의 <작은별 변주곡>의 일부이기도 해! 넌 벌써 이미 모차르트 곡을 하나 알고 있는 거야!
세상에! 그럼 저는 모차르트의 음악을 연주하겠습니다!
하하! 가람이는 아는 작곡가가 한 명 생겼구나!
여러분~ 모차르트 이외에도 바흐, 베토벤 등 유명한 작곡가들이 많이 있어요.
네~
저희는 그중 바흐, 베토벤, 모차르트의 클래식 곡으로 무대를 준비하도록 하겠습니다. 아! 정확하게는 바흐, 베토벤, 모차르트 "스타일"로 말이죠!
샤샥-
교수님, 저희는 악보도 없고, 유명 작곡가분들의 곡을 연주하기에는 다룰 수 있는 악기가 없는데 이번에도 역시 방법이 있겠죠?
교수님 이번에는 어떻게 하면 되나요?
어떤 마법입니까?
척-
AI봇 설명해 주세요~
네! 제가 드리는 악보에 간단하게 음을 입력하고, 바흐, 베토벤, 모차르트 중 원하는 작곡가 스타일을 말씀해 주시면 작곡가 스타일의 음악으로 만들어 드립니다!
아주 간단하네요! 어떤 음을 넣어도 멋진 음악이 나올 것 같아요. 저는 바흐부터 해보고 싶어요!
저는 베토벤이요. '월광'처럼 강렬한 음악이 나오면 좋겠어요.
샤랄랄라~
콰
광!
그럼 시작해봅시다~

STAGE 2 8

# Quest 08 클래식 작곡가
## _스테이지2: 클래식 따라잡기

### 1 구글두들바흐 알아보기

〈구글두들바흐〉는 여러분이 멜로디를 입력하면, 바흐가 작곡한 306편의 작품을 AI가 분석하여 패턴을 인식하고 여러분이 입력한 멜로디로 화음을 만들어주는 프로그램입니다.

〈구글두들바흐〉로 바흐의 화음을 따라잡아볼까요?

◆ 구글두들바흐 주소:

https://www.google.com/doodles/celebrating-johann-sebastian-bach

① 버튼을 클릭하고, '화음'에 대한 바흐의 간단한 설명을 듣습니다.

② 악보에 멜로디 입력하기

버튼 설명

1. 처음부터 다시하기
2. 멜로디 재생하기
3. 재생 속도 조절하기
4. 입력한 음의 조표 변경하기

③ [화음 넣기] 버튼을 클릭하여 입력한 멜로디에 화음 넣기

버튼 설명

- 음악 재생하기
- 화음 다시 만들기
- 입력한 멜로디 수정하기

4 완성한 작품은 링크를 복사하여 공유할 수 있습니다.

## 2 구글두들바흐로 '나도 바흐' 도전하기

짧은 노래를 입력하여 바흐 화음의 노래를 만들어봅시다.

1 입력할 2마디의 짧은 노래를 정합니다.

- 내가 아는 노래 또는 새로운 노래 만들어서 입력하기
- 아래 빈칸에 입력할 곡을 간단하게 적어보세요.

| 예: 작은 별 |
|---|

2 '화음 넣기'를 클릭하여 바흐 화음의 노래를 만듭니다.

3 만든 음악을 감상하고 어울리는 제목을 붙입니다.

제목: ______________________

## ③ 어시스티드 멜로디(Assisted Melody) 알아보기

〈어시스티드 멜로디〉는 여러분이 짧은 가락을 입력하면, AI가 바흐, 모차르트, 베토벤 스타일로 화음을 만들어주는 프로그램입니다. 다양한 음악가의 화음을 따라잡아볼까요?

### ◆ 어시스티드 멜로디 주소:

https://artsandculture.google.com/experiment/assisted-melody/cAGcgh18Zi7DqQ

① 마우스로 클릭하여 악보를 완성합니다.

- 4마디까지 입력할 수 있습니다.
- 입력한 노래는 아래 화살표 버튼을 눌러 들어볼 수 있습니다.
- 바흐는 오르간, 모차르트는 하프시코드, 베토벤은 피아노로 연주하는 것으로 기본 설정이 되어 있습니다.

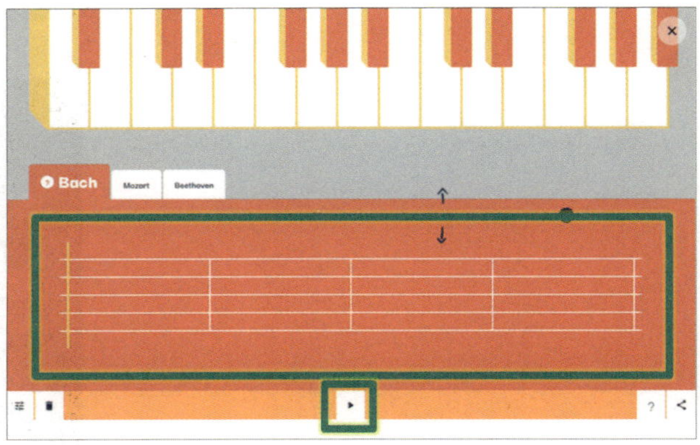


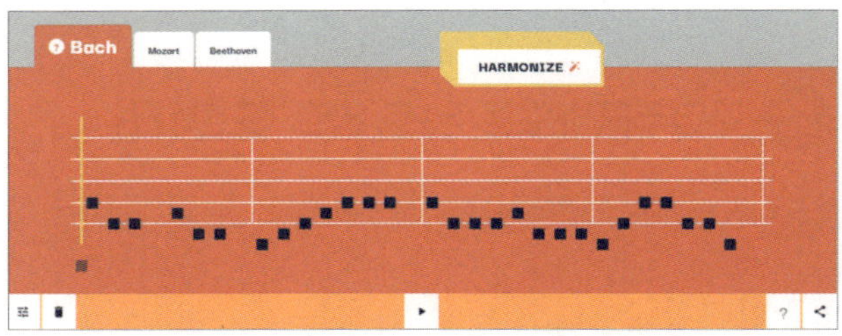


(입력한 예시 곡: 나비야)

- 설정버튼을 클릭하여 악기와 속도를 조절할 수 있습니다.
- 악기는 피아노, 플룻, 자일로폰, 신시사이저 중 고를 수 있습니다.

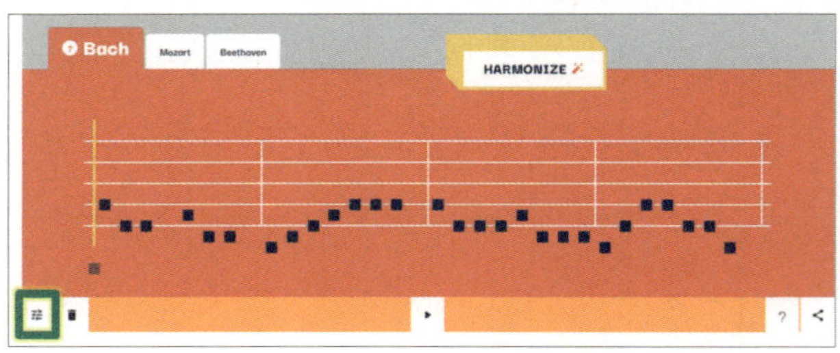


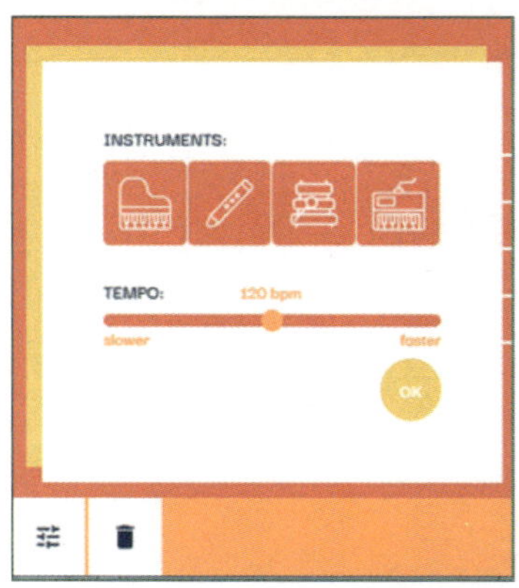

❷ 〈Harmonize〉를 클릭하여 화음을 만듭니다.

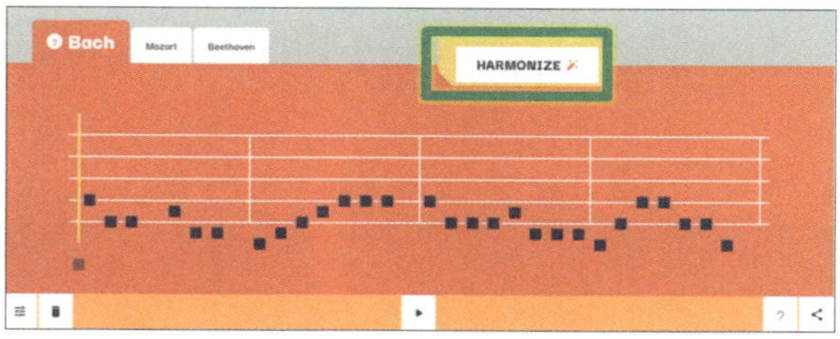


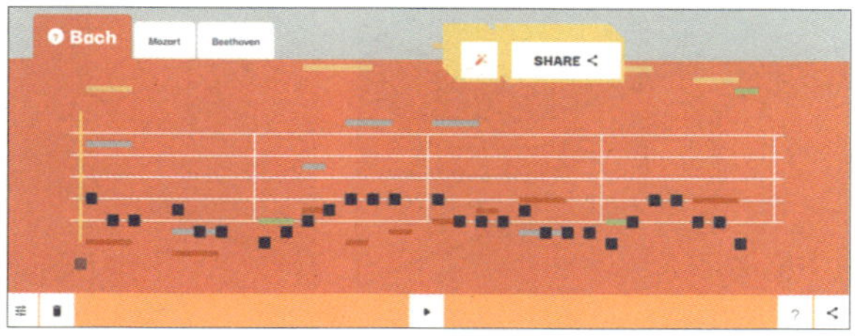


- 다른 음악가를 선택하고, Harmonize를 클릭하면 새로 음악을 입력하지 않아도 다른 음악가 스타일의 화음을 경험할 수 있습니다.

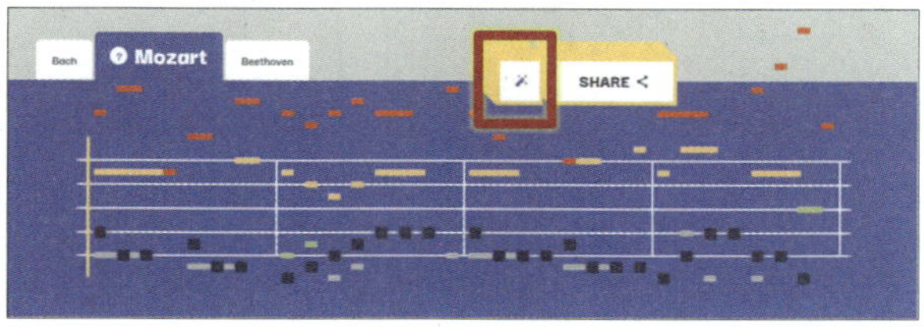


- 링크주소를 복사하여 작품을 공유할 수 있습니다.

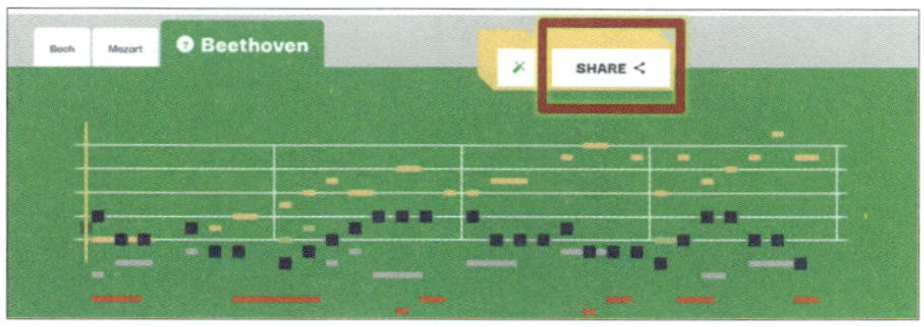


## ❹ 어시스티드 멜로디로 '나도 작곡가' 도전하기

짧은 노래를 입력하여 바흐 화음의 노래를 만들어봅시다.

❶ 입력할 4마디의 짧은 노래를 정합니다.

- 내가 아는 노래 또는 새로운 노래 만들어서 입력하기

❷ 원하는 작곡가를 클릭하여 화음을 만들어봅니다.

❸ 만든 음악을 감상하고 어울리는 제목을 붙입니다.

### ◆ '나비야 나비야'에 화음을 넣은 예시작품 감상하기

- 원곡 https://g.co/arts/X6PUujnVBSrggwk98
- 바흐 버전 화음 https://g.co/arts/NUbAbUTWWDJzNwF87
- 모차르트 버전 화음 https://g.co/arts/WaHJqmE7rAH7v62X9
- 베토벤 버전 화음 https://g.co/arts/krBDiCW8tWagNDtJ9

원곡 바흐 버전 화음

모차르트 버전 화음 베토벤 버전 화음

샤랄라 샤랄라라~
거길 눌러요!
고마워 AI봇~
클릭!
따단따단따다~
따단따단따다
진짜 베토벤 같아요.
클릭 클릭
반짝 반짝 작은 별~☆
어린시절을 떠올려보자~
가람군! 최고~
클릭
제가 마치 위대한 작곡가들이 된 것 같아요!
작곡가들의 연주보다 AI와 함께한 제 곡이 더 멋진 것 같아요!
반짝 반짝 작은 별~ 앞으로 저를 람차르트 라고 불러주세요.
다들 멋진 곡이었어. AI봇, 덕분에 우리 제자들의 어깨가 으쓱하네요~
가람이는 음악에 대한 열정이 가득해 진 것 같구나.
짝 짝 짝
짝 짝
그럼요! 그런데 악보가 너무 짧아서 아쉬웠어요. 제가 좋아하는 K-POP ○○그룹 노래를 모차르트 스타일로 바꿔보고 싶었는데 전주 부분에서 잘려서 '작은 별'을 연주할 수 밖에 없었어요!
어? 가람아, 너도 ○○그룹 좋아해? 나도 사실 아까 ○○그룹 노래하려고 했었는데!
방가~
너도?!! 나는 A멤버 팬이야! 우리 음악 취향이 비슷했구나!
으쓱
으쓱

교수님, 클래식 말고 다른 곡은 저희가 직접 만들어 보는 것은 어때요?
좋아요! 교수님, 이번에는 조금 더 신나는 곡으로 가보면 어떨까요?
신나는 박자가 있으면 분위기가 나서 관객들도 AI 문화예술 바이러스는 잊고 페스티벌을 즐길 수 있을 것 같아요!
둠칫!
둠칫
두둠칫!
그렇다면 이번에는 리듬 음악을 만들어보면 좋겠군요. 우리가 한 팀이 되어 밴드가 되어볼까요?
척!
AI봇, 악보를 준비해 주세요~
네! 삐빅!
척!
스윽-
자, 여기 보세요! 둠칫둠칫, 쿵짝쿵짝 여러분이 직접 원하는 박자를 만들어보기도 하고~
쿵쿵짝!
쿵짝!
쿵짝쿵짝!
악보의 길이도, 음의 높낮이도 직접 정해봅시다.
어때요? 이 정도면 신나는 음악이 될 것 같지 않나요? 하늘이와 가람이의 ○○그룹 노래도 이것으로 연주할 수 있겠는데?
쿵 짜자작!
쿵쿵쿵!
쿵쿵!
쿵 짜자작!
좋아요! 하늘 앤드 가람 밴드 출발입니다!
드디어 내가 찾던 뮤직 페스티벌인가? 곡이 완성되면 댄스 타임도 가질래요~
하늘앤가람 크로스!

STAGE 2 9

Quest 09

# AI 리듬음악 작곡가

## - 스테이지3: 리듬음악 따라잡기

### 1 송메이커(Song Maker)

〈송메이커〉를 이용하여 직접 박자와 가락을 넣은 나만의 음악을 만들어봅시다.

◆ 송메이커 주소:

https://musiclab.chromeexperiments.com/Song-Maker/

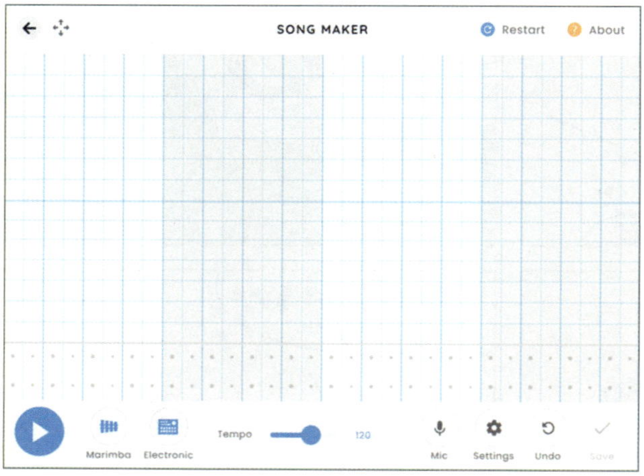


### 2 송메이커 알아보기

**화면 설명**

❶ 가락을 입력하는 부분 : 마우스로 원하는 칸을 클릭하여 멜로디를 만듭니다.

❷ 가락을 연주할 악기 선택 : 마림바, 피아노, 현악기, 목관악기, 신디 중 선택 가능

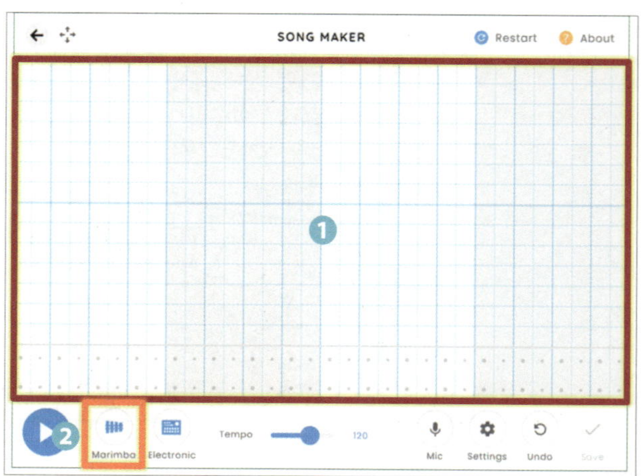

❶ 박자를 입력하는 부분 : 마우스로 원하는 칸을 클릭하여 박자를 입력합니다.

❷ 박자를 연주할 악기 선택 : 전자음, 블록, 드럼키트, 콩가

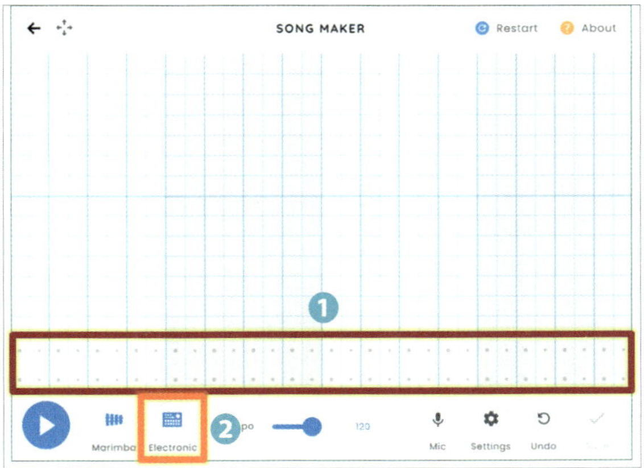


❶ 처음부터 다시 시작

❷ 연주 시작

❸ 빠르기 조절

❹ 실행 되돌리기

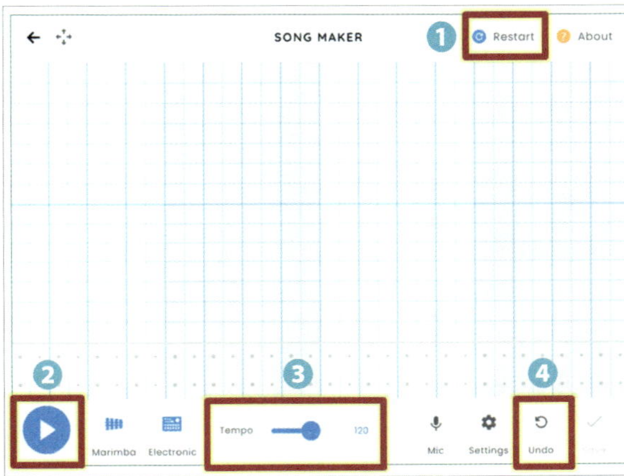


**설정 버튼 설명**

- 길이(마디): 1~16마디 중 선택(음악의 길이)
- 박자: 2~7박 중 선택 (마디 안에 넣을 박자)
- 박자를 나누는 단위: 1~4 중 선택
- 음계: 3개 중 선택
  - ❶ Major: 온음계(샵, 플랫이 없는 도레미파솔라시도)
  - ❷ Pentatonic: 5음 음계(도레미솔라)
  - ❸ Chromatic: 반음계(샵, 플랫을 포함한 도레미파솔라시도)
- 시작음: 원하는 시작음 정하기
- 음역대: 1~3옥타브 중 선택

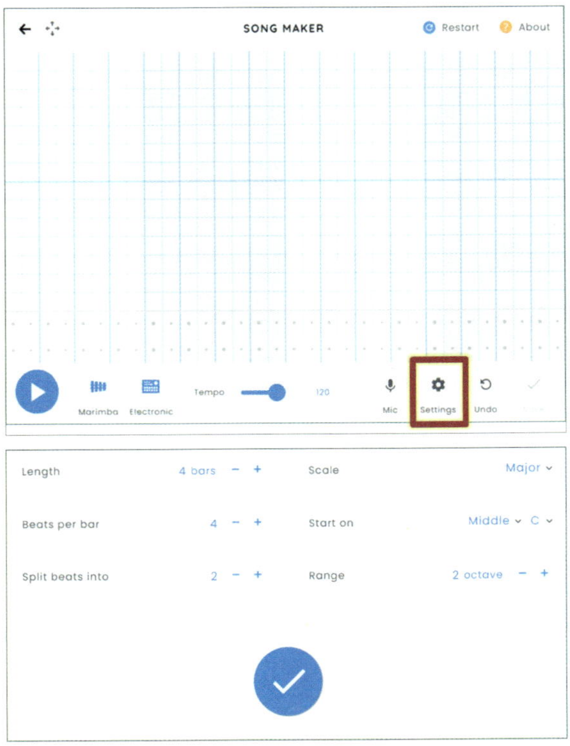

| 4마디 | 장조 음계 |
|---|---|
| 1마디에 4박 | '가온 도'에서 시작 |
| 1박을 2개의 작은 박으로 나눔 | 2옥타브 |

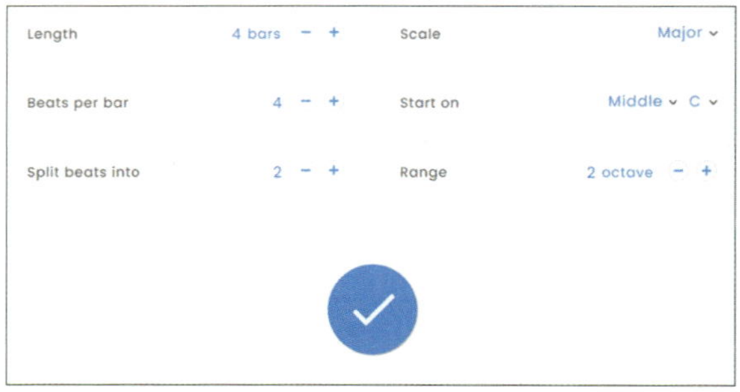


• 위와 같이 설정을 하면, 오른쪽 그림처럼 노래를 완성할 화면이 나타납니다.

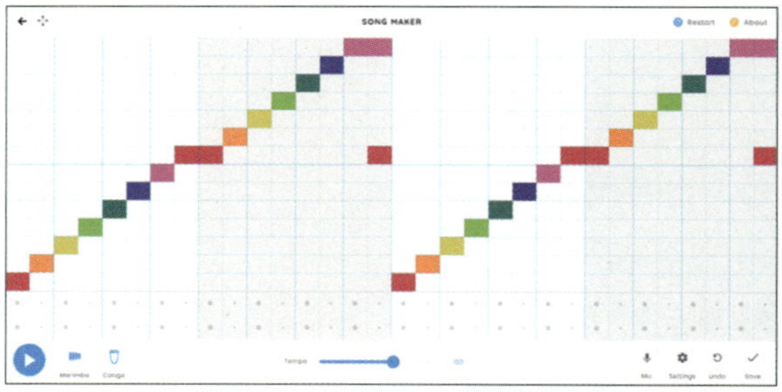


**저장방법**

• 4가지 방법으로 저장이 가능합니다.

❶ 작품 링크 복사하기

❷ 미디파일로 저장

❸ 소리확장자(wav) 파일로 저장

❹ Embed Code로 저장

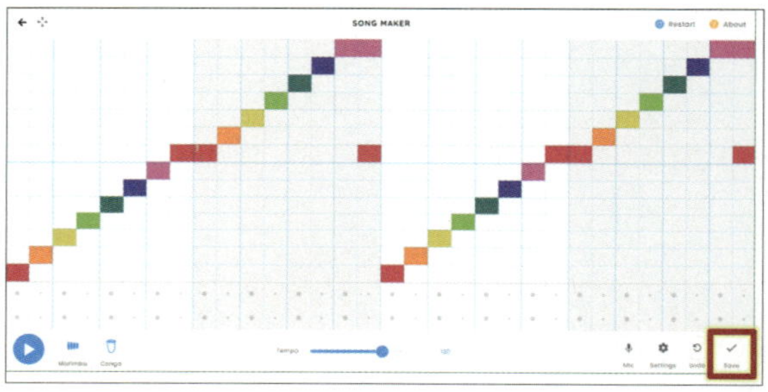


## ❸ 송메이커로 나만의 음악 만들기

〈송메이커〉를 이용하여 두가지 방법으로 나만의 음악을 만들어봅시다.

**방법1** 그림이 있는 노래 만들기

❶ 노래 설정을 준비합니다.

• 예) 곡 길이, 음계, 음역대 등 미리 정하기

❷ 어떤 그림을 그릴지 빈칸에 적어보고, 직접 음악을 만들어봅시다.

| 예) 내 이름 적어보기, 강아지 얼굴 그려보기 등 |
|---|

3 완성한 작품의 제목과 설명을 적어봅시다.

제목: ________________________________

작품 설명:

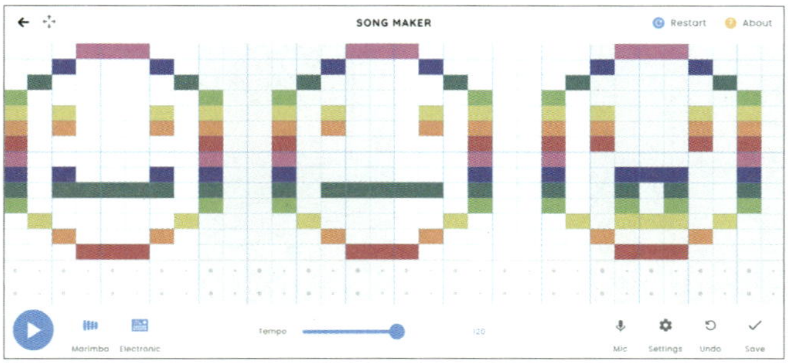


예시작품 감상하기
https://musiclab.chromeexperiments.com/Song-Maker/song/5044574244044800

방법1 기존의 노래를 편곡하여 노래 만들기

1 어떤 노래를 편곡할지 정합니다.

- 내가 아는 쉬운 노래를 준비합니다.

예) 작은 별, 비행기, 똑같아요 등

2 나만의 박자와 멜로디를 추가하여 새로운 노래로 바꿔보세요.

3 완성한 작품의 제목과 설명을 적어봅시다.

제목: ________________________________

작품 설명:

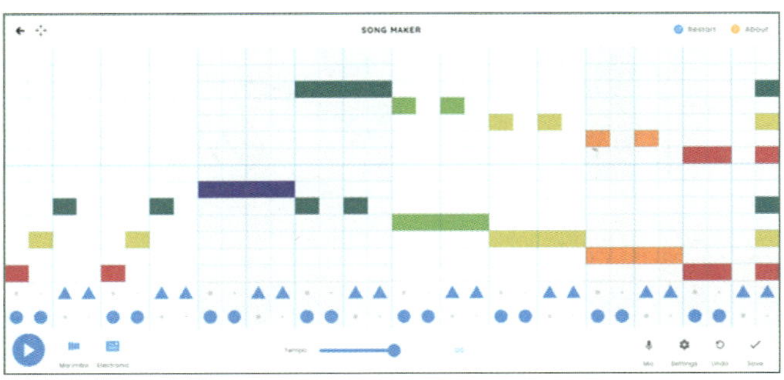


예시작품 감상하기
https://musiclab.chromeexperiments.com/Song-Maker/song/5114239403687936

와~
와~
와~
와~
와~ 와~
우와!
교수님께서 아까 주신 백신 파일이 거의 다 설치된 것 같아.
완료되면 파일을 다시 실행해 봐야겠다!
98%
에이~ 이번에는 속지 않을거야~
안녕하세요. 뮤직 페스티벌 담당자입니다. 불편을 드려 죄송합니다. 현재 시스템 복구가 완료되었습니다. 하단의 링크를 클릭하셔서 백신 패치를 설치하세요.
띠링!
백신을 설치하라고 하는데? 아까 교수님께서 연주자들에게도 백신 파일을 주셨잖아. 그럼 당연히 우리 핸드폰에도 설치해야지!~
클릭!
음하하하
캬오~
어? 로딩이 멈췄어!

어쩔 수 없군. 우리도 강력하게 업그레이드 해서 보여줘야 겠어.
AI봇!
네 교수님!
생성형 AI봇 등장!
이렇게 USB를 장착 하면!
두둥~
둥~
생성형 AI? 어디서 들어본 것 같은데…
우리 아까 미술관에서도 생성형 AI 활동이 있었어!
그래! 생성형 AI의 도움을 받아서 지하에 있는 특별 전시실에 작품을 채웠지~
그럼그럼. AI봇의 선배인 AI큐레이터가 생성형 AI도구를 이용하여 문제를 해결했었지.
생성형 AI란?
텍스트, 오디오, 이미지 등 기존 콘텐츠를 활용해 유사한 콘텐츠를 새롭게 만들어 내는 인공지능 기술.
- 기존 AI가 데이터와 패턴을 학습해 대상을 이해했다면 <생성형 AI>는 기존 데이터와 비교 학습을 통해 새로운 창작물을 탄생시킨다.
(출처: 네이버 지식백과 '생성형 인공지능')
생성형 AI봇과 함께 이번에는 음악을 만들어보도록 하겠습니다. '악보'가 없다는 것이 이전 우리의 활동들과 다른 점이겠군요!
생성형 AI
그림을 그리거나 아니면 음표나 음이 있는 칸에 색을 칠해서 곡을 완성했는데 그럼 어떻게 곡을 만드나요?
혹시 특별 전시실 때처럼 음악도 키워드를 입력해서 만드는 게 아닐까?
톡!
톡톡톡!
맞습니다. 음악의 길이, 분위기 음계 등 음악을 만들기 위한 간단한 내용들은 클릭해 주시면 다양한 음악을 빠르고 적절하게 만들어 드릴 예정입니다.
우와! 그럼 다양한 분위기의 음악을 빨리 준비할 수 있겠는데!
그럼 이제부터 진짜 뮤직 페스티벌이 될 수 있겠어!
그럼, 출발!

STAGE 2 10

# Quest 10 AI 현대음악가
## – 마지막 스테이지: 생성형 음악 AI 따라잡기

### 1 생성형 AI와 음악

아래 링크의 음악을 감상해보고 다음 질문에 답해보세요.

◆ 첫 번째 곡: https://youtu.be/gzGkC_o9hXI

◆ 두 번째 곡: https://youtu.be/i2TjTb_Psh8

첫 번째 곡 두 번째 곡

- 곡의 분위기는 어떠했나요?
- 노래를 통해 어떤 장면을 표현하려고 했을까요?
- 누가 만든 음악일까요?

첫 번째 곡의 이름은 〈I am AI〉, 두 번째 곡의 이름은 〈Plutonium(Rock Song)〉으로 두 곡 모두 AIVA 프로그램으로 AI가 작곡한 노래입니다. AI가 자동으로 만들어주는 음악이라니, 놀랍지 않나요?

이번 장에서는 우리도 AIVA를 이용하여 원하는 분위기의 곡을 만들어보겠습니다.

### 2 에이바(AIVA) 알아보기

우리도 AIVA를 통해서 원하는 음악을 AI와 만들어보겠습니다.

◆ 에이바 주소:
https://www.aiva.ai

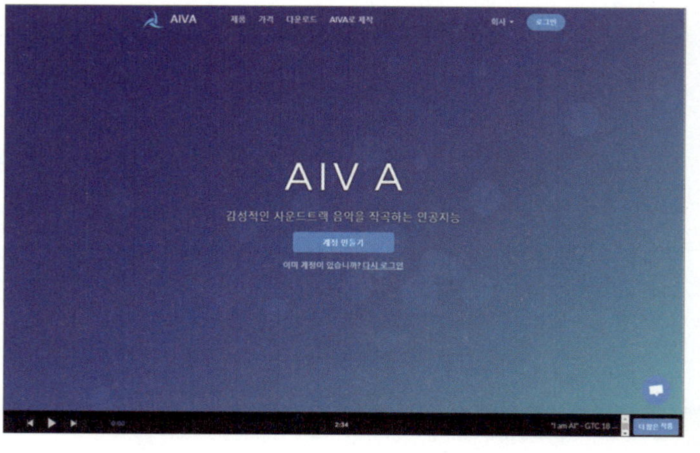

**AI 음악 감상하기**

- 〈더 많은 작품〉 버튼을 클릭하면 AIVA로 만든 다양한 AI 음악을 감상할 수 있습니다.

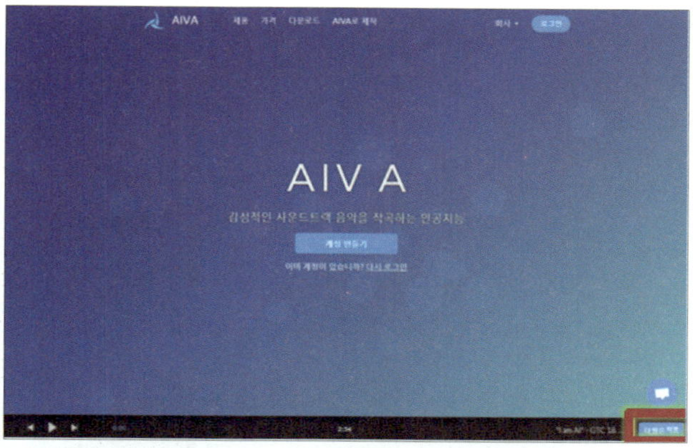


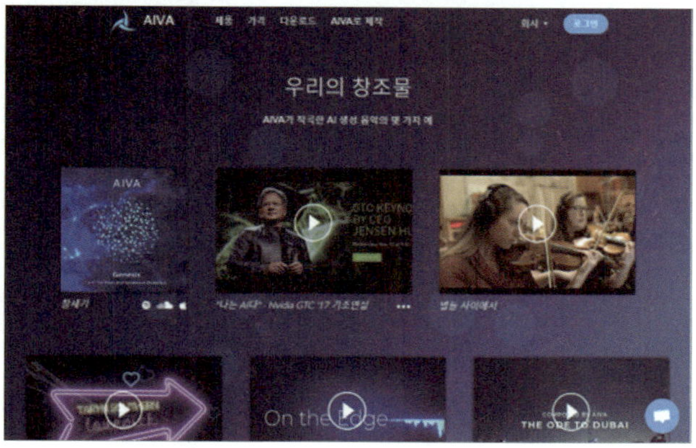


**회원가입**

- AIVA를 이용하려면 회원가입이 필요합니다.
- 본인 또는 부모님의 구글 계정을 이용하여 가입합니다.
- 회원가입을 하면 아래 내용을 무료로 이용할 수 있습니다.

❶ 만든 노래는 월 3회 무료 다운로드

❷ 최대 3분 길이의 노래 무료 제작

❸ MP3나 MIDI 형식 파일로 무료 다운로드

- 다른 조건으로 이용하려면 유료결제를 해야합니다.

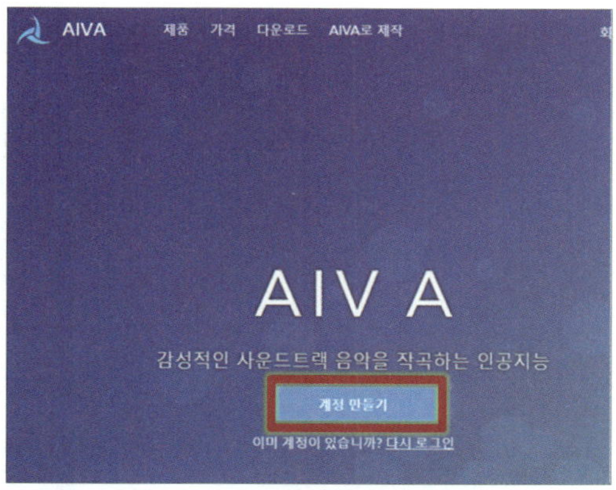


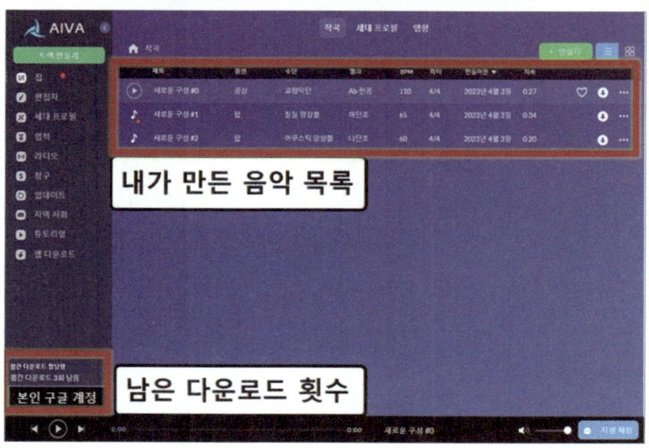

**AI 음악 만드는 방법 ①**

❶ [트랙 만들기] 클릭

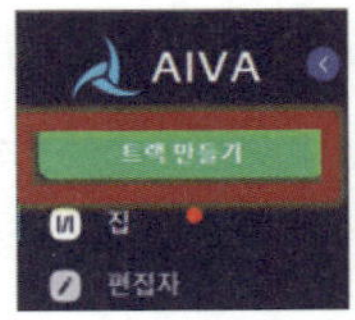


❷ [Generation Profiles/세대프로필]에서 원하는 프로필 음악 선택

• 플레이 버튼을 눌러 음악을 들어 볼 수 있습니다.

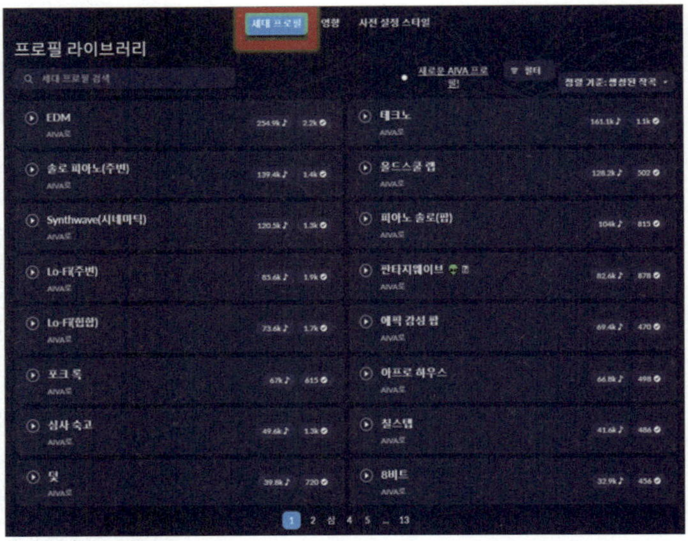


❸ [Create/만들기] 클릭

• 주요 음, 음악 재생시간, 만들 음악 개수를 정하기

❹ [트랙 만들기] 클릭

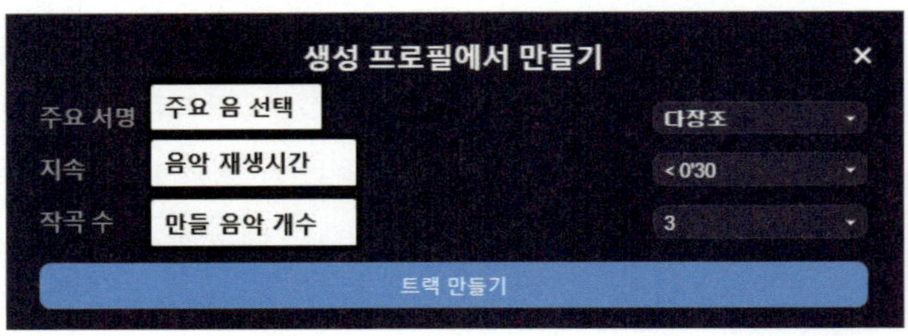


**AI 음악 만드는 방법 ②**

❶ [트랙 만들기] 클릭

❷ [Preset Styles/사전 설정 스타일]

• [Emotion View/감성 뷰] 클릭

• 원하는 장르의 음악을 선택하세요.

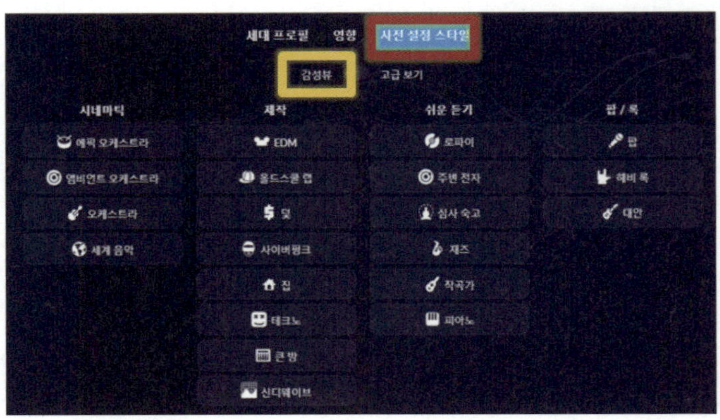

❸ 세부 내용을 입력 후, [트랙 만들기]를 클릭하여 음악을 완성합니다.

• 음악의 분위기, 재생 시간 등을 정합니다.

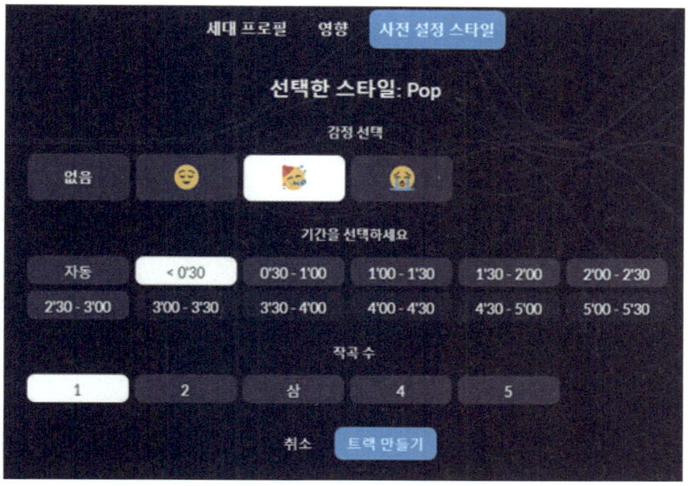


✚
한국어 번역이 어색한 경우, 크롬 번역기능으로 영어로 바꾸어 확인합니다.니다.

**AI 음악 만드는 방법 ③**

❶ [트랙 만들기] 클릭

❷ [Preset Styles/사전 설정 스타일]

• [Advanced View/고급보기] 클릭

• 원하는 장르의 음악을 선택하세요.

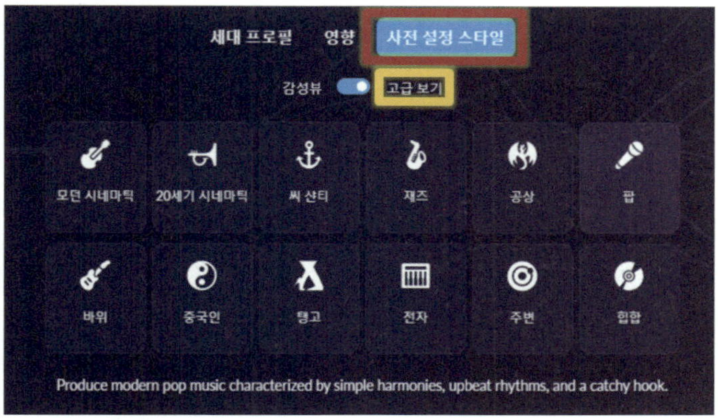


❸ 세부 내용을 입력 후, [트랙 만들기]를 클릭하여 음악을 완성합니다.

• 음악의 주요 음, 빠르기, 악기 편성, 재생 시간 등을 정합니다.

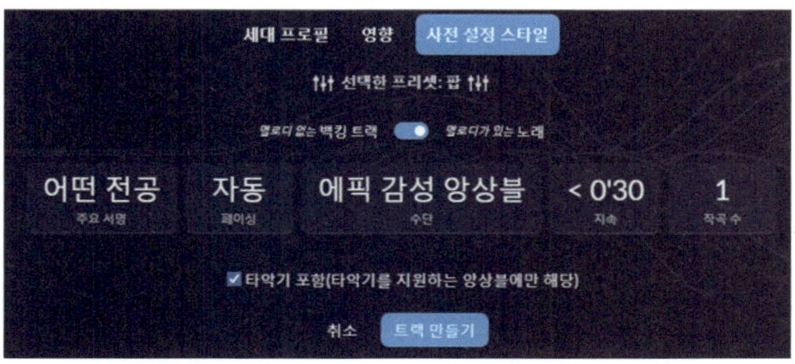


✚
한국어 번역이 어색한 경우, 크롬 번역기능으로 영어로 바꾸어 확인합니다.니다.

## AI 음악 수정하는 방법

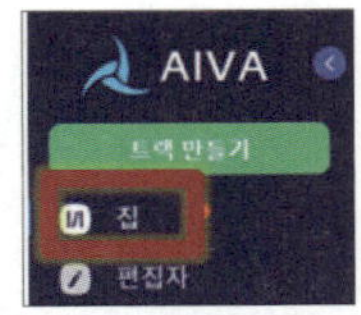


❶ [Home / 집]을 클릭하여 만든 음악들을 확인합니다.

❷ 음악을 하나 고르고 마우스 오른쪽 버튼을 눌러 세부사항을 수정할 수 있습니다.

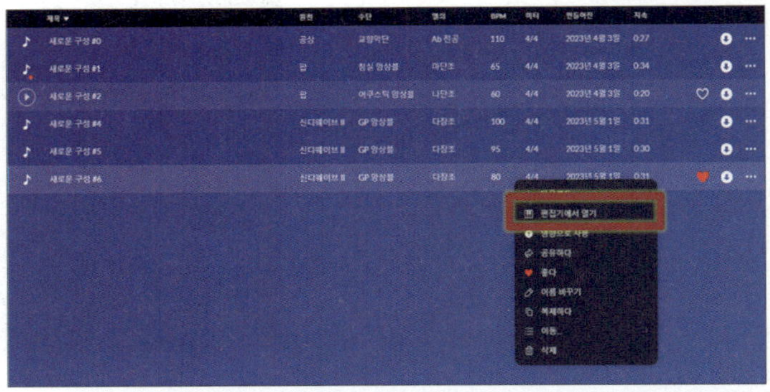

## 음악 공유하는 방법

❶ 음악을 하나 고르고 오른쪽 버튼 클릭

❷ [Share / 공유하다] 클릭

❸ [Enable / 할 수 있게 하다] 클릭

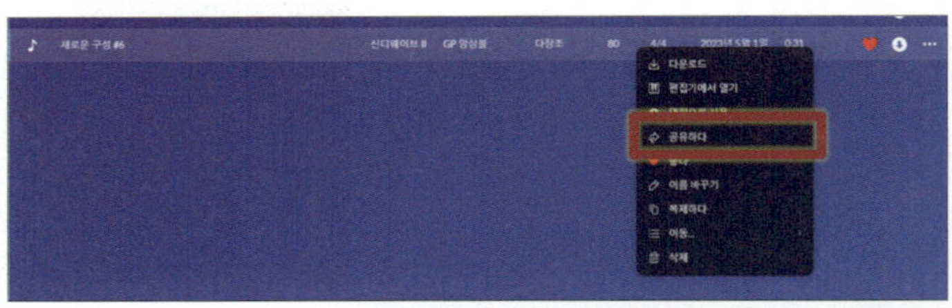

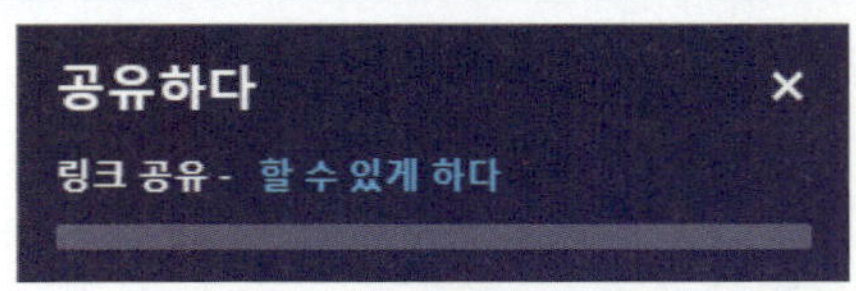


- 클릭하면 공유링크가 만들어집니다.
- 링크 공유는 월 다운로드 횟수에서 차감되지 않습니다.

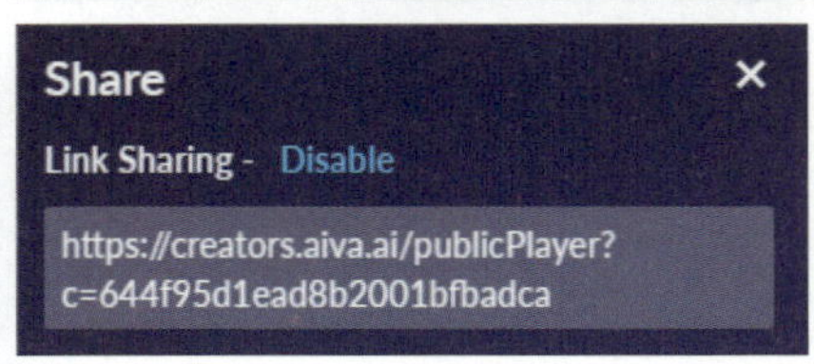


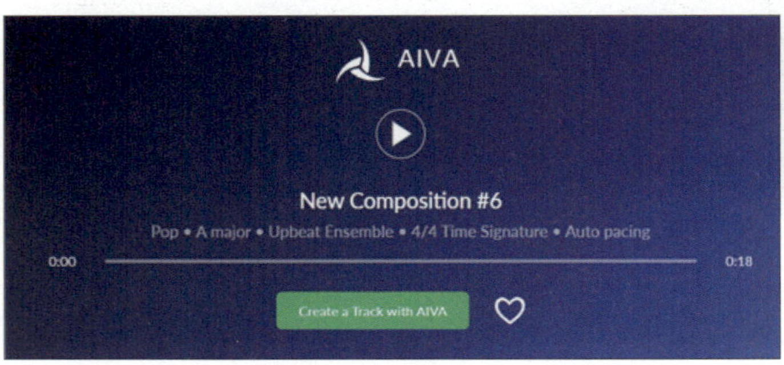


공유된 링크를 클릭하면 나타나는 화면

## ❸ 에이바(AIVA)로 배경음악 만들기

AIVA와 함께 나만의 배경음악을 제작해봅시다.

❶ 미술작품 고르기

• 원하는 작가의 그림을 고릅니다. '구글 아트앤 컬쳐 – 아티스트'를 활용해 원하는 그림을 골라도 좋습니다.

• 앞 장에서 내가 만든 미술 작품을 골라도 좋습니다.

❷ 배경음악 만들기

• ❶에서 고른 작품에 어울리는 배경음악을 AIVA와 함께 만들어봅시다.

• 어떤 분위기의 음악이 어울릴까요?

• 어떤 악기로 연주하는 것이 좋을까요?

• 음악의 재생시간은 어떻게 할까요?

• 정리한 내용을 바탕으로 AIVA를 활용하여 음악을 만들어보세요.

❸ 완성한 작품 감상하고 음악에 제목을 붙여주세요.

제목: ____________________

• 미술작품과 음악이 어우러지는지 감상해봅시다.

예시작품

• 그림명: 그랑자트 섬의 오후

• 작가: 쇠라

• 배경음악:

https://creators.aiva.ai/publicPlayer?c=644f95d1ead8b2001bfbadca

# Quest 11 글쓰기 AI 체험 _ 글쓰기와 AI의 만남

자! 여러분이 만든 음악으로 뮤직 페스티벌의 무대를 채워봐요.
뮤직페스티벌
AI...
와~ 가자.
와 와~
네! 여기 모두가 AI로 작곡한 우리 음악이 마음에 들거예요.
맞아요!
음악 시작!
클릭!
와~
와~
와~
저기 아이들이 만든 음악이래? 아이들이 작곡을 이렇게 잘하다니!!
우와!
아니!! 이럴 수 없어! 그림과 음악에서 내가 지다니!
바이러스! 이제 사람들 괴롭히는 걸 그만하지?
생성형 AI... 이거 때문에 내가 진건가? 하하하 내가 진 이유를 찾았어.
바이러스! 너가 무엇을 해도, 아이들이 널 막을 거야. 난 아이들을 도울 거고!

얘들아! 무대 너무 잘 봤어. 예술기행의 마지막 장소인 국립중앙도서관으로 가자.
네! 출발할 준비 됐어요~
짝짝짝 짝
국립중앙도서관에 가 본 적 있니?
응! 우리나라의 대표적인 도서관이라서 가봤어!
으아... 책은 별로 안 좋아해.
우리가 관심을 가질 것 같은 '디지털 도서관'을 위주로 체험한대! 가람이도 좋아할거야.
여러분, 국립중앙도서관에 도착했습니다~ 우리는 먼저 디지털 도서관부터 관람합니다.
이번에는 AI 문화예술 바이러스가 오지 않아야 할텐데...
국립중앙도서관
국가를 대표하는 도서관으로 1945년에 개관함. 14,019,425 점의 장서를 보유하고 있다.(2023년 10월) 디지털 도서관도 운영하고 있다.
여러분~! 세계 문학 작품이 뒤죽박죽 섞인 'V-문학'을 열람하세요.
아니! AI 문화예술 바이러스가 여기에도 있어?
내가 도와줄게요! 이재호 교수님이 혹시 몰라서 여러분을 따라가라고 했어요. 이번에는 텍스트 생성형 AI로 해결해봐요!
오!

STAGE 3 11

# Quest 11 글쓰기 AI 체험

## – 글쓰기와 AI의 만남

### 1 Bing Chat 알아보기

여러분은 GPT가 무엇인지 알고 있나요? GPT(Generative Pre-trained Transformer) 기술은 2022년 11월에 세계에 공개되어 많은 사람을 놀라게 했습니다. 기존 대화형 인공지능은 사람의 언어를 이해하고 이미 알고 있는 사실을 전달했지만, GPT 기술이 도입된 인공지능은 여러 정보를 모아 지식을 생성할 수 있기 때문입니다.

Bing Chat은 GPT 기술을 활용한 대화형 인공지능입니다. 사람과 대화할 뿐만 아니라 세상에 없던 의견이나 작품을 만들 수 있죠. 그러면 Bing Chat의 힘을 빌려 AI 작가가 되어볼까요?

### 2 Bing Chat에 접속하기

Microsoft Edge를 통해 Bing Chat에 들어갑니다.

◆ Bing 주소: www.bing.com

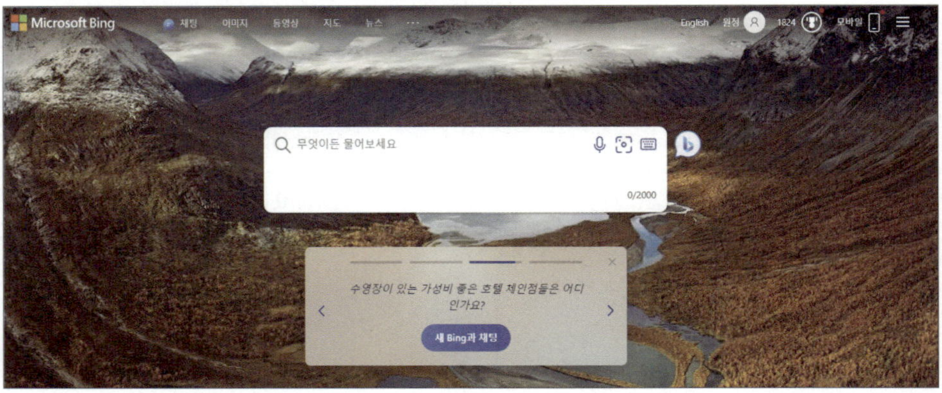


상단에 있는 채팅 을 클릭합니다.

이때, Microsoft Bing에 로그인해야 Bing Chat을 원활하게 사용할 수 있습니다.

부모님의 도움을 받아 계정을 만들고 로그인을 해보세요.

Bing Chat이 제공하는 대화 스타일은 크게 3가지가 있습니다.

- 보다 창의적인 : 독창적이고 창의적인 대화를 합니다.
- 보다 균형있는 : 유익하고 친근한 대화를 합니다.
- 보다 정밀한 : 간결하고 단도직입적인 대화를 합니다.
- 사용자가 Bing Chat에게 텍스트를 입력하는 공간을 '프롬프트'라고 합니다. Bing Chat과 대화하는 곳으로 매우 중요한 요소입니다.
- 다른 주제에 관해 얘기하려면 '새 토픽'을 클릭하면 됩니다.

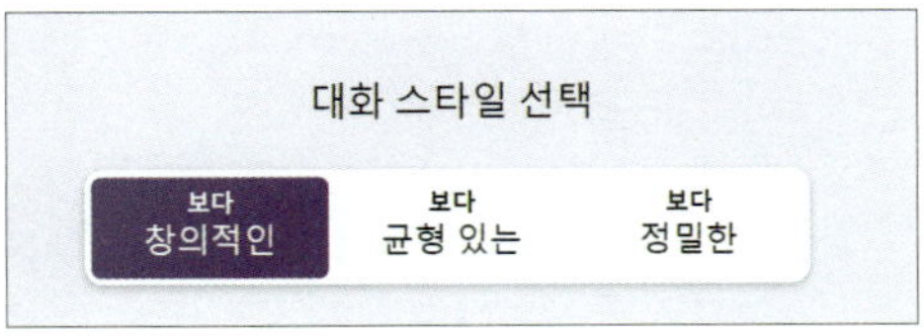


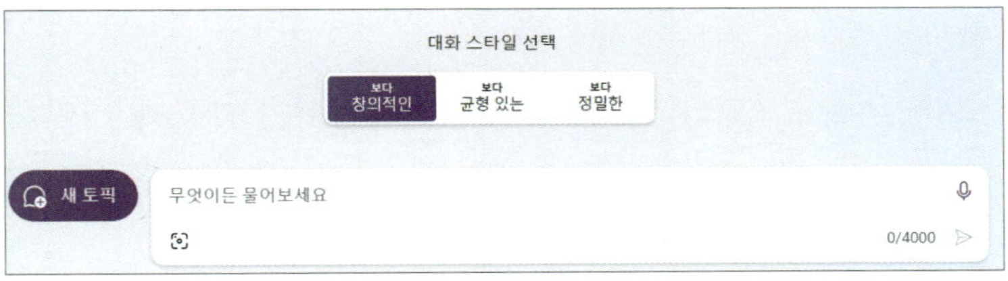


- 최근 활동 : Bing Chat과의 대화를 불러올 수 있습니다. 대화하는 중에 인터넷 창을 닫아도 불러올 수 있습니다.

## ❸ Bing Chat과 대화하기

Bing Chat과 간단하게 대화를 해볼까요?

**방법1** Bing Chat과 대화 시작하기

❶ '새 토픽'을 클릭하고, 대화 스타일에서 '보다 정밀한'을 선택합니다.

❷ 프롬프트에 친구에게 인사하듯이 텍스트를 입력해보세요.

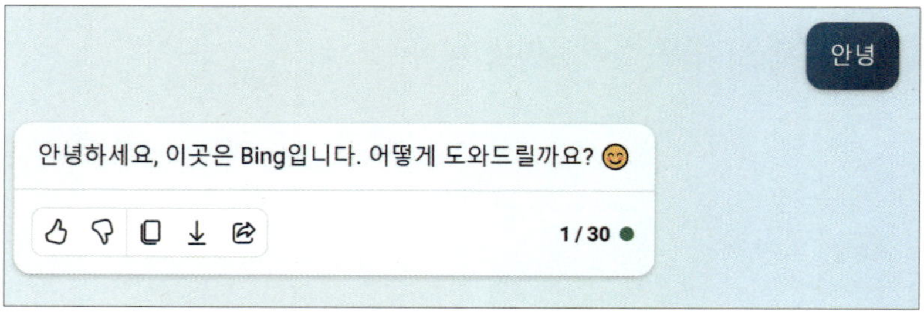
안녕
안녕하세요, 이곳은 Bing입니다. 어떻게 도와드릴까요? 😊
1 / 30

**방법2** Bing Chat의 정확성 알아보기

❶ Bing Chat에게 다양한 질문을 해보세요. '보다 정밀한' 대화 스타일이기 때문에 다양한 지식을 물어보면 정확하게 답변할 수 있습니다.

• 어떤 질문을 해볼까요? 질문 2개를 만들어보세요.

질문 1)

질문 2)

• Bing Chat의 답변을 읽어보세요. 정확하게 답변했는지 평가해볼까요?

Bing Chat이 준 대답의 정확한 정도 : ☆ ☆ ☆

(3개 : 매우 정확하다 / 2개 : 정확하다 / 1개 : 보통이다)

**방법2** Bing Chat의 창의성 알아보기

1. '새 토픽'을 클릭하고, 대화 스타일에서 '보다 창의적인'을 선택합니다.
2. 이제 Bing Chat은 프롬프트에 입력한 내용을 창의적으로 대답합니다.

- 창의력이 필요한 질문을 만들어볼까요? 여러분이 가진 고민의 해결책을 물어봐도 좋고, 반려동물의 이름을 정해도 좋습니다.

| 질문) |
|---|
| |

- Bing Chat의 답변을 읽어보세요. 창의적으로 답변했는지 평가해볼까요?

Bing Chat이 준 대답의 창의적인 정도 : ☆ ☆ ☆

(3개 : 매우 창의적이다 / 2개 : 창의적이다 / 1개 : 보통이다)

## 3 Bing Chat과 스무고개하기

Bing Chat과 스무고개를 해봅시다.

1. 스무고개 시작하기

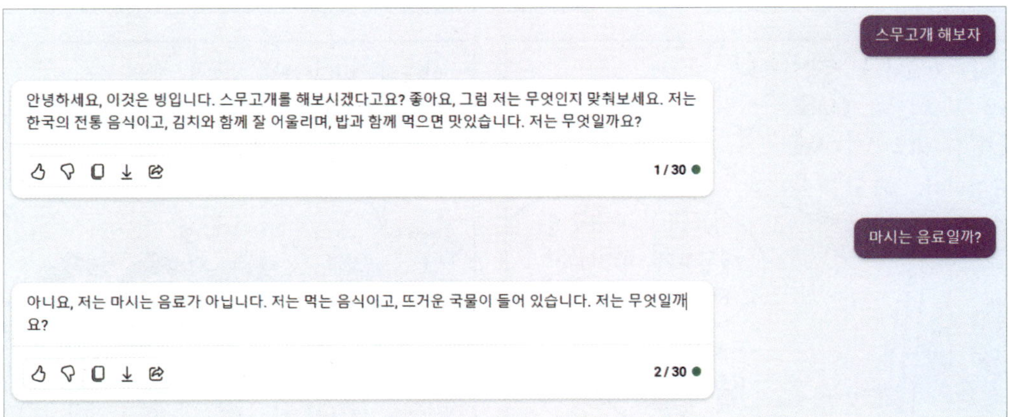
스무고개 해보자
안녕하세요, 이것은 빙입니다. 스무고개를 해보시겠다고요? 좋아요, 그럼 저는 무엇인지 맞춰보세요. 저는 한국의 전통 음식이고, 김치와 함께 잘 어울리며, 밥과 함께 먹으면 맛있습니다. 저는 무엇일까요?
1 / 30
마시는 음료일까?
아니요, 저는 마시는 음료가 아닙니다. 저는 먹는 음식이고, 뜨거운 국물이 들어 있습니다. 저는 무엇일까요?
2 / 30

- Bing Chat의 대화 스타일을 '보다 창의적인'으로 설정합니다.
- Bing Chat에게 '스무고개 해보자'라고 말하면 시작합니다.
- 사용자가 스무고개 문제를 내겠다고 하면 Bing Chat이 정답을 맞히려고 합니다.

# Quest 12 초보 AI 시인 _ 시인 따라잡기

디지털 열람실
안녕하세요~! 'V-문학'의 작가입니다.
원래 있던 문학 작품을 살짝만 바꾸면 더 좋아지길래 바꿔 봤어요. 바로 '생성형 AI'를 사용해서!
우리가 사용했던 '생성형 AI'를 바이러스도 사용한다고?
이 시는 어때요?
자세히 안 봐도 별로다. 잠깐 보아도 별로다. 너도 그렇다.
이건 나태주 시인의 '풀꽃'을 이상하게 만든거야!
이렇게 문학작품을 훼손하면 안 되지!!
AI 문화예술 바이러스는 뭘 하려고 작품을 이상하게 바꾸는 걸까?
더 많이 'V-문학'을 열람하세요! 그래야 'V-문학'이 퍼지죠. 'V-문학'은 바로 Virus를 가진 작품들입니다. 하하하 !!
사람들이 'V-문학'을 열람하면 바이러스가 태블릿으로 퍼지나봐요!
얘들아, 미디어아트 미술관, 뮤직 페스티벌에 이어서 너희들의 도움이 필요해.
네!
저도 아이들을 도울게요!

AI 문화예술 바이러스가 여러 시 작품들을 망치고 있어!
어떻게 해결하면 좋을까?
사람들이 태블릿을 열지 않도록 막으면 될까?
'V문학'이 뭐야?
궁금해.
우르르~
글쎄, 저길 봐! 사람들이 'V-문학'이 궁금해서 많이 오고 있어!
'V-문학'을 열람하려고 태블릿을 열면 안 되는데!
이번에도 우리가 AI를 이용해서 해결하자!
여러분, 이재호 교수님께서 연락했어요.
슈우욱
변신!!
윙~척!
여러분! AI 문화예술 바이러스가 문학 작품을 망치고 있다고 들었어요.
교수님, 어떻게 하면 좋을까요?
AI 봇에게 여러분을 따라가라고 하길 잘했군요. 여러분이 'V-문학'보다 더 좋은 문학작품을 만들어 봅시다. 사람들이 'V-문학'에 관심이 없어지면 해결될 것 같아요.
우리가 문학작품을 만들어요?
웁스!
저는 책을 많이 안 읽는걸요…
긁적-긁적-
생성형 AI를 사용하면 좋은 문학 작품을 만들 수 있어요.
생성형 AI요?
생성형 AI

STAGE 3 12

# Quest 12 초보 AI 시인
## – 시인 따라잡기

### 1 시인이 되어볼까요?

문학이란 여러분이 살면서 인상 깊은 경험이나 감정을 글로 표현하는 행동입니다. 문학에는 다양한 갈래가 있는데, 우선 '시'를 알아볼까요? 시는 경험과 감정을 일정한 형식에 담은 문학입니다. 자신의 감정을 시로 표현하는 '시인'이 되어보겠습니다. Bing Chat을 활용하여 AI 시인이 되어볼까요?

### 2 시로 만들 나의 경험 떠올리기

시로 표현할 나의 경험을 떠올려봅시다.

**방법1** 경험 떠올리기

1. 시로 표현할 경험을 떠올려볼까요?

• 예) 특별한 날에 가족과 함께 시간을 보낸 경험, 친구와 학교 끝나고 놀았던 경험

2. 어떤 경험을 시로 표현할지 빈칸에 적어봅시다.

| [등장인물] 경험에서 등장하는 인물은 누구인가요? 각 인물의 성격을 간단하게 적어주세요.<br>예 제이: 밝고 쾌활한 성격. 긍정적이다. |
|---|
| [시간적 배경] 언제 일어난 경험인가요? |
| [공간적 배경] 어디에서 일어난 경험인가요? |
| [행동] 무엇을 했나요? |
| [감정] 그때의 감정은 어땠나요? |
| 자세한 내용을 추가해보세요.(위와 같은 행동을 한 이유, 느낀 점 등) |

## ③ Bing Chat으로 나의 경험을 시로 표현하기

Bing Chat의 창의성을 활용하여 나의 경험을 시로 표현해봅시다.

- www.bing.com 에 접속하고 [채팅]을 클릭하여 Bing Chat과의 대화를 시작합니다.
- '새 토픽'을 클릭해서 새로운 대화를 시작합니다.
- 대화 스타일은 '보다 창의적인'을 선택합니다.

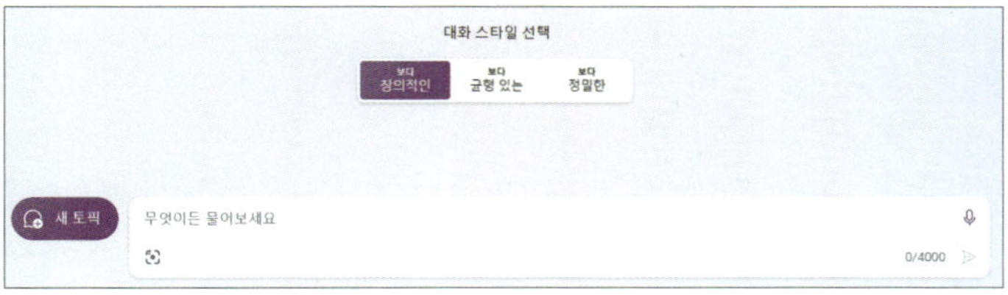
대화 스타일 선택
보다 창의적인
보다 균형 있는
보다 정밀한
새 토픽
무엇이든 물어보세요
0/4000

- 프롬프트를 통해 Bing Chat에게 내 경험을 시로 표현하고 싶다고 적습니다.
- Bing Chat이 우리를 도우려고 하는 걸 알 수 있습니다.

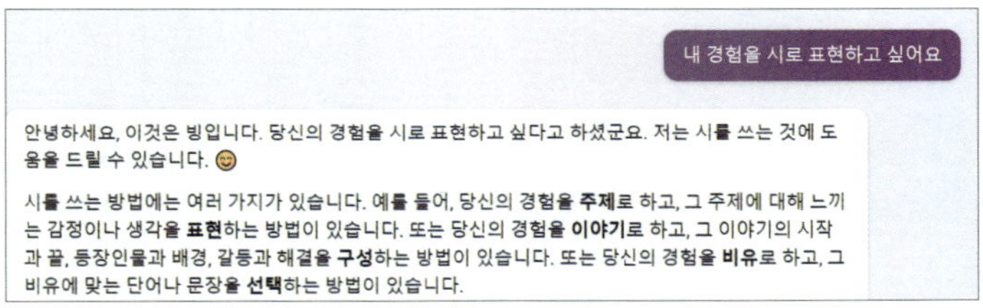
내 경험을 시로 표현하고 싶어요
안녕하세요, 이것은 빙입니다. 당신의 경험을 시로 표현하고 싶다고 하셨군요. 저는 시를 쓰는 것에 도움을 드릴 수 있습니다.
시를 쓰는 방법에는 여러 가지가 있습니다. 예를 들어, 당신의 경험을 주제로 하고, 그 주제에 대해 느끼는 감정이나 생각을 표현하는 방법이 있습니다. 또는 당신의 경험을 이야기로 하고, 그 이야기의 시작과 끝, 등장인물과 배경, 갈등과 해결을 구성하는 방법이 있습니다. 또는 당신의 경험을 비유로 하고, 그 비유에 맞는 단어나 문장을 선택하는 방법이 있습니다.

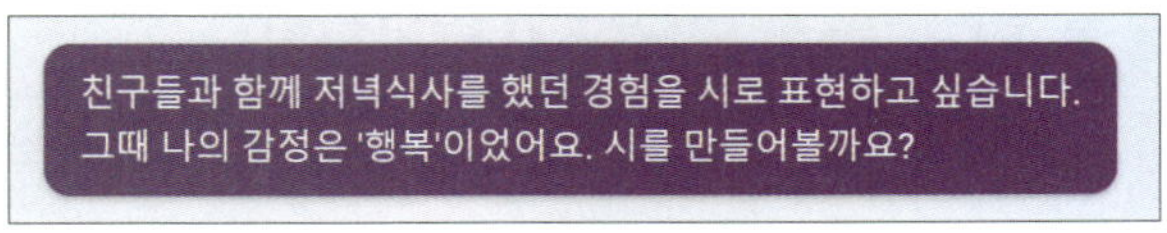
친구들과 함께 저녁식사를 했던 경험을 시로 표현하고 싶습니다.
그때 나의 감정은 '행복'이었어요. 시를 만들어볼까요?

- 앞에서 했던 '시로 만들 나의 경험 떠올리기'에서 정리한 경험과 감정을 보세요.
- 위의 예시처럼 시로 표현하고 싶은 경험을 적습니다.
- 그리고 나의 감정을 담을 수 있도록 Bing Chat에게 나의 감정을 알려주세요.

친구들과 함께한 저녁식사
친구들과 함께 앉아
맛있는 음식을 먹으며
즐겁게 이야기를 나누었네
친구들과 함께하는 것은
꽃이 피는 봄날과 같아
따뜻하고 활기차고
행복한 기분이 들어
친구들과 함께한 저녁식사는
내게 소중한 추억이 되었고
언제나 그 순간을 생각하면
웃음이 나오는구나

**Bing Chat** 이 만든 시

예시와 같이 시가 만들어졌나요?

인공지능을 활용하여 시 작품을 만들었습니다.

## 4 인공지능을 활용하여 시 바꿔보기

3번 활동에서 만든 시가 마음에 드나요? 나의 경험과 감정이 담겨 있어서 좋지만, 다른 길이로 적거나 경험을 조금 바꿔보면 어떤 작품이 나올지 확인해봅시다.

- 시의 길이가 너무 길거나 짧다고 느껴지면, 길이를 조절할 수 있습니다.
- Bing Chat이 길이를 바꿔서 적은 시를 읽고 감상해보세요.

위에서 만든 시의 길이를 줄여서 다시 만들어볼까요?

- 시의 내용을 자유롭게 바꿀 수 있습니다. 여러분의 경험을 바꿔서 시를 적는 겁니다. 시의 내용을 자유롭게 바꿔봅시다.
- 다른 경험을 통해 만들어진 시는 어떤지 감상해보세요.

위의 시에서는 친구들과 함께 먹은 저녁식사이지만, 가족과 함께 먹은 점심식사로 바꿔서 적어볼까요?

## 5 인공지능을 활용한 시 평가하기

1 인공지능과 함께 만들고 다듬은 시 작품들을 감상해보고, 가장 마음에 드는 시를 아래 칸에 적어볼까요?

## ❷ Bing Chat과 함께 만든 시를 평가해봅시다.

❶ Bing Chat과 함께 만든 시의 평가 : ☆ ☆ ☆

❷ 위와 같이 평가한 이유를 적어봅시다.

## ❸ Bing Chat은 우리가 만든 시를 어떻게 생각할지 알아봅시다.

- 완성한 시의 오른쪽 위 '복사' 아이콘을 클릭합니다.

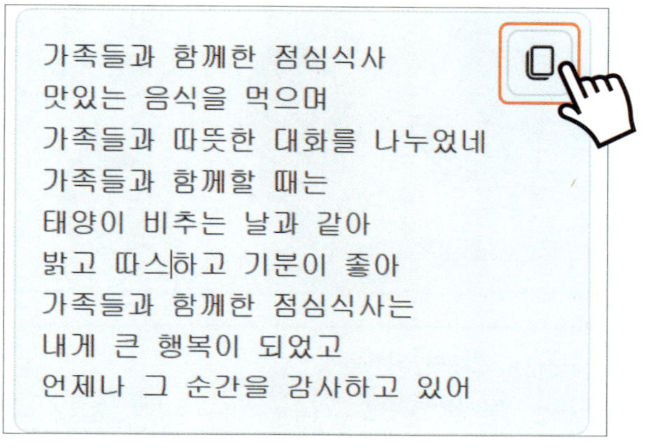
가족들과 함께한 점심식사
맛있는 음식을 먹으며
가족들과 따뜻한 대화를 나누었네
가족들과 함께할 때는
태양이 비추는 날과 같아
밝고 따스하고 기분이 좋아
가족들과 함께한 점심식사는
내게 큰 행복이 되었고
언제나 그 순간을 감사하고 있어

- 프롬프트를 오른쪽 클릭하고 '붙여넣기'를 클릭합니다.
- 키보드의 Ctrl과 v를 눌러서 붙여넣을 수 있습니다.

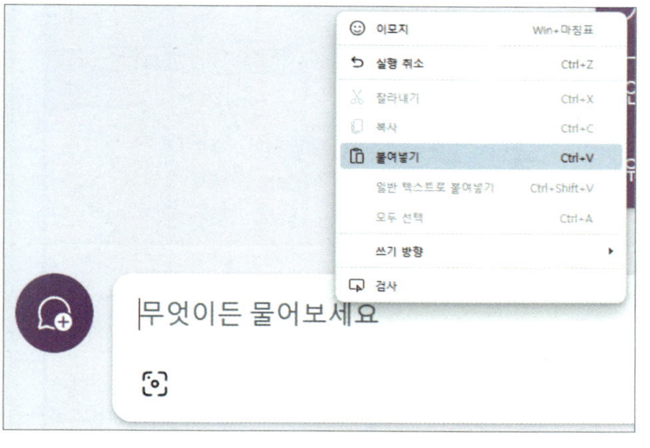
이모지 Win+마침표
실행 취소 Ctrl+Z
잘라내기 Ctrl+X
복사 Ctrl+C
붙여넣기 Ctrl+V
일반 텍스트로 붙여넣기 Ctrl+Shift+V
모두 선택 Ctrl+A
쓰기 방향
검사
무엇이든 물어보세요

- 위 시에 대해서 어떻게 생각하고 평가하는지 물어봅니다.
- Bing Chat은 시를 창작할 뿐만 아니라 시를 평가할 수도 있습니다.

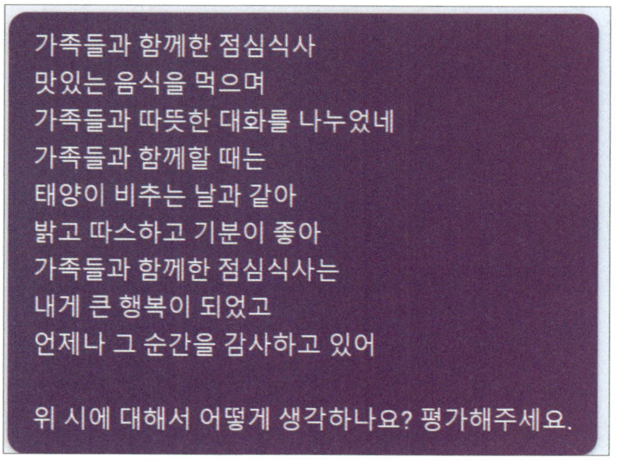
가족들과 함께한 점심식사
맛있는 음식을 먹으며
가족들과 따뜻한 대화를 나누었네
가족들과 함께할 때는
태양이 비추는 날과 같아
밝고 따스하고 기분이 좋아
가족들과 함께한 점심식사는
내게 큰 행복이 되었고
언제나 그 순간을 감사하고 있어
위 시에 대해서 어떻게 생각하나요? 평가해주세요.

# Quest 13 AI 시인_시집 출판하기

얘들아, 시를 만들었어?
응! 나는 꽃을 좋아해서 꽃과 관련된 시를 적었어.
나는 친구와 관련된 시를 적었어.
하하, 너희들이 시를 적었지만 사람들은 'V-문학'에 관심을 가질거야. 그러면 바이러스는 더 퍼질거고!
캬하ー
태블릿 AI 문화예술 바이러스
이런! AI 문화예술 바이러스, 너는 왜 바이러스를 퍼뜨리는거야?
왜냐고? 재밌잖아! 바이러스가 퍼져서 문제가 발생할 세상을 떠올려봐! 하하!!
너는 정말 나쁘구나!
바이러스로 힘들어할 사람들을 생각해봐!
저 나쁜 바이러스!
너희들은? 미디어아트 미술관에서, 뮤직 페스티벌에서 내 계획을 막았잖아!
너의 행동은 사람들을 힘들게 만들어. 우린 이번에도 바이러스가 퍼지는 걸 막을거야! 꼭!!
파직! 파지직!
어디 한번 해봐. 'V-문학'이 세상을 지배하는 시대가 올거야. 난 간다! 다른 시들을 바꿔서 작품을 만들어야 해.
그건 표절이고 작품을 망치는 거야!
슝
슝

얘들아, 너희들이 만든 시를 보니까 시의 제목이 안 보이네? 국어 시간에 선생님과 공부한걸 떠올려봐.
맞아요! 제목이 없어요. 제목이 있으면, 사람들은 우리 작품을 열람할 거예요!
맞다!
그리고 시에 어울리는 그림을 넣어보는건 어떠니?
맞아요! 시화가 들어가면 사람들이 시를 이해하는 데 도움이 될 거예요!
그런데 저는 그림을 잘 그리지 못하는 걸요?
AI의 힘을 빌려보는 게 어떨까? 제목을 만드는 것과 시화를 그리는 거 모두 AI를 활용해보자.
AI
슝!
역시 우리 선생님! 좋은 생각이에요!
여러분이 만든 시에 더 추가할 게 있나보군요. 이번에도 제가 도와줄테니, 같이 'V-문학'을 이겨봐요.
좋아! 우리의 시를 다듬어 보자!
파이팅!

STAGE 3

13

# Quest 13 AI 시인

## – 시집 출판하기

### 1 시 다듬기

Quest 12에서 만든 시는 좋은 작품이지만, 아직 부족한 점이 있습니다. 시에 어울리는 제목을 만들어야 합니다. 그리고 시에 어울리는 시화를 추가하면 읽는 사람들이 시를 감상할 때 도움이 될 거예요.

### 2 시의 제목 만들기

AI와 만든 시를 다시 읽어보고, 어울리는 제목을 생각해봅시다.

1 내가 만든 시를 읽고 중요한 낱말이나 느껴지는 감정을 다양하게 적어보세요.

2 위에서 적은 낱말과 감정을 토대로 시의 제목을 떠올려보세요.

시의 제목 : ____________________

3 AI와 만든 시에 어울리는 제목을 만들어봅시다. Bing Chat의 '최근 활동'에서 Quest 12에서 했던 대화를 불러옵니다.

4 Bing Chat에게 시에서 중요한 낱말이나 감정이 무엇인지 물어보세요. Bing Chat의 대답은 무엇인가요?

위 시에서 중요한 낱말이나 느껴지는 감정은 무엇인가요?

〈Bing Chat이 중요하게 생각한 낱말과 느낀 감정〉

5 Bing Chat에게 시의 제목을 추천하도록 물어보세요.

위 이야기에서 중요한 낱말이나 느껴지는 감정은 무엇인가요?

• Bing Chat이 추천한 제목과 내가 만든 제목을 비교해보고 마음에 드는 걸 제목으로 정하세요.

시의 제목

## 3 Bing Chat으로 시에 어울리는 시화 그리기

시에 어울리는 그림이 있다면 감상하는 사람들이 시를 더욱 깊게 이해할 수 있습니다. 그림을 그리기 어려워해도 괜찮습니다. Bing Chat과 함께 시화를 그려볼까요?

1 시에 어울리는 그림을 직접 그려봅시다. 시의 분위기와 감정이 담기도록 그려보세요.

그림에 대한 설명을 적어보세요.

❷ Bing Chat이 생각하는 시에 어울리는 그림은 무엇일까요?

위 시와 어울리는 그림을 그리려고 합니다. 어떤 그림이 어울릴까요?

• Bing Chat이 추천하는 다양한 그림을 보고 가장 마음에 드는 그림을 골라보세요.

Bing Chat이 시와 어울린다고 생각한 그림

❸ Bing Chat을 활용하여 시화를 생성해봅시다. Quest 5에서 배운 '드림 바이 웜보'와 'DALL-E2'처럼 이미지가 생성됩니다.

이미지 만들기: 가족들과 함께한 점심식사

• 이미지 만들기: [시와 어울리는 그림 설명 입력]을 Bing Chat에게 말해보세요.
• 이미지 생성에는 시간이 걸립니다.

• 4장의 그림이 생성되는 것을 확인할 수 있습니다.

④ 생성된 이미지에서 바꾸고 싶은 부분이 있다면, 어떻게 바꿀지 추가적인 설명을 넣어주세요.

> 이미지 만들기: 가족들과 함께한 점심식사. 식탁은 하얀색으로 그려주세요.
> 유화로 그려주세요.

- 그림에서 추가하고 싶은 요소를 생각해보세요.
- 이미지 만들기: [시와 어울리는 그림 설명, 추가하고 싶은 요소 입력]을 Bing Chat에게 말해보세요.

- 원하는 요소가 담겨 있는 그림이 만들어진 것을 확인할 수 있습니다.
- 설명이 자세해야 Bing Chat이 내가 원하는 그림을 그려줄 수 있습니다.

## 2 Bing Chat이 생성한 이미지 공유하기

완성한 사진을 다른 사람에게 저장하거나 공유할 수 있습니다.

- 원하는 사진을 클릭합니다.
- '공유'를 눌러서 이미지 링크를 공유할 수 있습니다.
- '다운로드'를 눌러서 PC에 이미지를 저장할 수 있습니다.

# Quest 14 초보 AI 작가_작가 따라잡기

다 됐다! 이제 우리가 만든 시를 디지털 도서관에 업로드해볼까?
응! 준비 됐어!
업로드 터치!
와우!
꾹!
업로드
업로드 완료!
저 아이들이 만든 시가 업로드 됐네? 한번 열람해볼까?
'V-문학' 종료!!
꾹!
우리만의 작품을 만들어서 사람들이 'V-문학'에 관심이 없도록 만드는 거야.
으...! 이번에는 이야기다! 사람들은 내 'V-문학'에 관심이 갈거다!
흥부와 놀부에서 흥부가 놀부의 집에 들어가서 도둑질을 하고, 토끼와 거북이에서 거북이가 마차를 타고 1등이 됐다고 바꾸겠어!
내가 마차를?
거북이 1등.
내가 도둑질을?
왜?
흥부

흥부가 도둑질을 할 정도로 나쁜 사람이었나? 읽어봐야겠다.
마차를 타고 토끼를 이긴 거북이라… 어디서 읽어본 것 같은데 봐볼까?
이런! 시에 이어서 이야기를 바꾸다니!
여러분! 우린 시를 만들 때처럼 이야기를 만들어서 사람들의 관심을 우리 쪽으로 돌리면 되죠!
슝-
띠롱!
탁!
여러분이 시간을 좀 더 벌어주면 좋겠어요. 도서관에 침입한 AI 문화예술 바이러스를 무찌를 백신이 거의 개발 되고 있어요.
역시 교수님, 우리가 작품을 만들 동안 백신을 개발하고 계셨어!
사람들의 관심을 우리 작품으로 돌려보자!
좋아! 이번에는 이야기를 만들기야!
AI가 있으면 나도 이야기를 잘 쓸 수 있을거야.
나도~
맞아요. 생성형 AI로 이야기를 만들어봐요.
우리 이제 작가가 되고 있어.
이히히
웅
변신!
웅
너희들은 이미 작가인 걸? 선생님도 도와줄 수 있는 걸 도와줄게요!

STAGE 3 · 14

# Quest 14 초보 AI 작가

## _ 작가 따라잡기

### 1 작가가 되어볼까요?

문학의 다양한 갈래 중에 '이야기'를 만들어봅시다. 이야기는 등장인물이 경험한 줄거리를 문학적으로 표현한 글입니다. 이러한 이야기는 동화책, 소설책에 담겨서 독자들이 읽을 수 있습니다.

### 2 이야기로 만들 나의 경험 떠올리기

이야기로 표현할 나의 경험을 떠올려봅시다.

1 이야기로 표현할 경험을 떠올려볼까요?

• 예) 특별한 날에 가족과 함께 시간을 보낸 경험, 친구와 학교 끝나고 놀았던 경험

2 아래 질문에 따라서 떠올린 경험을 정리해보세요.

| |
|---|
| [등장인물] 경험에서 등장하는 인물은 누구인가요? 각 인물의 성격을 간단하게 적어주세요.<br>예 제이: 밝고 쾌활한 성격. 긍정적이다. |
| [시간적 배경] 언제 일어난 경험인가요? |
| [공간적 배경] 어디에서 일어난 경험인가요? |
| [행동] 무엇을 했나요? |
| [감정] 그때의 감정은 어땠나요? |
| 자세한 내용을 추가해보세요.(위와 같은 행동을 한 이유, 느낀 점 등) |

## ③ Bing Chat으로 나의 경험을 이야기로 표현하기

Bing Chat의 창의성을 활용하여 나의 경험을 이야기로 표현해봅시다. 시로 표현했던 방법과 비슷해서 쉽게 할 수 있습니다.

- www.bing.com 에 접속하고 [채팅]을 클릭하여 Bing Chat과의 대화를 시작합니다.
- '새 토픽'을 클릭해서 새로운 대화를 시작합니다.
- 대화 스타일은 '보다 창의적인'을 선택합니다.

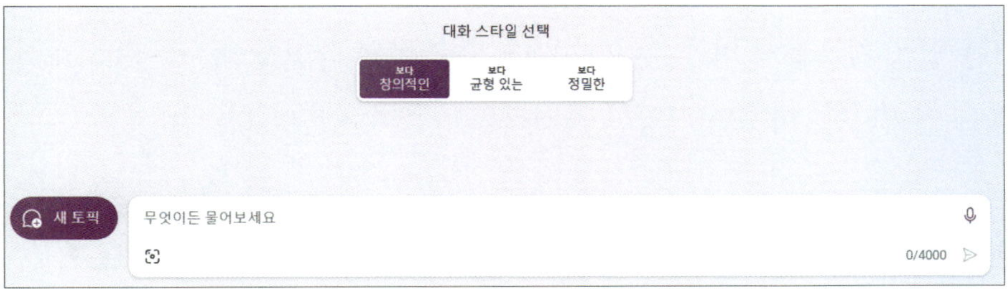
대화 스타일 선택
보다 창의적인
보다 균형 있는
보다 정밀한
새 토픽
무엇이든 물어보세요
0/4000

- 프롬프트를 통해 Bing Chat에게 내 경험을 이야기로 표현하고 싶다고 적습니다.
- Bing Chat이 시를 적었을 때처럼 이야기를 만드는 걸 도울 수 있다고 합니다.

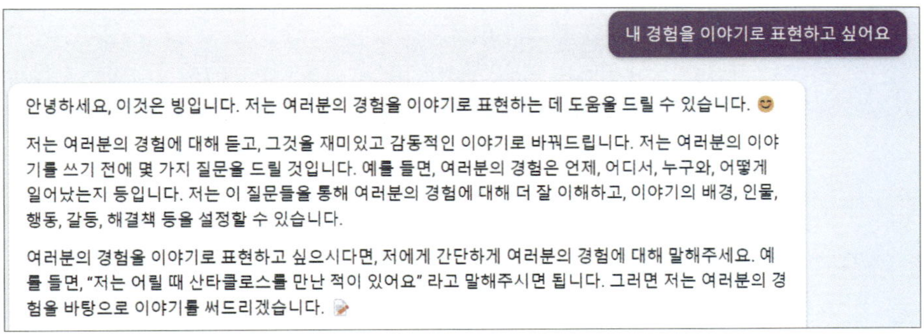
내 경험을 이야기로 표현하고 싶어요
안녕하세요, 이것은 빙입니다. 저는 여러분의 경험을 이야기로 표현하는 데 도움을 드릴 수 있습니다.
저는 여러분의 경험에 대해 듣고, 그것을 재미있고 감동적인 이야기로 바꿔드립니다. 저는 여러분의 이야기를 쓰기 전에 몇 가지 질문을 드릴 것입니다. 예를 들면, 여러분의 경험은 언제, 어디서, 누구와, 어떻게 일어났는지 등입니다. 저는 이 질문들을 통해 여러분의 경험에 대해 더 잘 이해하고, 이야기의 배경, 인물, 행동, 갈등, 해결책 등을 설정할 수 있습니다.
여러분의 경험을 이야기로 표현하고 싶으시다면, 저에게 간단하게 여러분의 경험에 대해 말해주세요. 예를 들면, "저는 어릴 때 산타클로스를 만난 적이 있어요" 라고 말해주시면 됩니다. 그러면 저는 여러분의 경험을 바탕으로 이야기를 써드리겠습니다.

- 앞에서 정리한 경험을 다음과 같이 작성합니다.
- '등장인물'을 나열하고, 성격을 설명합니다.
- '배경'에 시간적 배경과 공간적 배경을 설명합니다.
- '행동'에 무엇을 했는지 적습니다.
- '감정'에 그때의 감정을 적습니다.
- 추가적인 내용도 적을 수 있습니다.

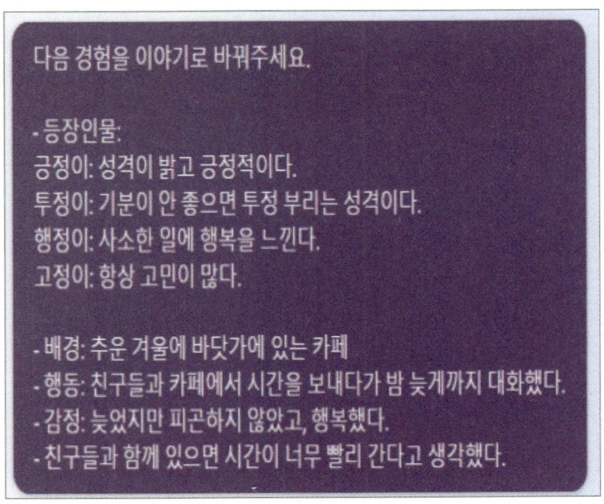
다음 경험을 이야기로 바꿔주세요.
- 등장인물:
긍정이: 성격이 밝고 긍정적이다.
투정이: 기분이 안 좋으면 투정 부리는 성격이다.
행정이: 사소한 일에 행복을 느낀다.
고정이: 항상 고민이 많다.
- 배경: 추운 겨울에 바닷가에 있는 카페
- 행동: 친구들과 카페에서 시간을 보내다가 밤 늦게까지 대화했다.
- 감정: 늦었지만 피곤하지 않았고, 행복했다.
- 친구들과 함께 있으면 시간이 너무 빨리 간다고 생각했다.

## ④ 인공지능을 활용하여 이야기 바꿔보기

3번 활동에서 만든 이야기가 마음에 드나요? Bing Chat이 작성한 내용을 그대로 적지 않고, 바꾸고 싶은 부분을 찾아 바꿀 수 있습니다.

- 공간적 배경, 시간적 배경을 바꿀 수 있습니다.

> 배경을 카페가 아니라 바닷가로 바꿔서 다시 만들어볼까요?

- 이야기에서 일어난 일을 자유롭게 바꿀 수 있습니다. 여러분의 경험을 바꾸는 것으로 실제로 경험하지 않은 일이지만, 바꾸면 다양한 줄거리를 만들 수 있습니다.

> 위 이야기에서 '투정이'가 친구들과 싸우는 것으로 이야기를 바꿔서 다시 만들어볼까요?

- 이야기에 담긴 감정을 바꿀 수 있습니다. 감정이 바뀌며 이야기의 전체적인 흐름이 달라지는 것을 경험해보세요.

> 위 이야기를 행복한 감정이 아니라 긴장되는 감정으로 다시 만들어볼까요?

- 마음에 드는 이야기가 만들어졌으면, 이야기를 길게 작성해볼까요?
- 이어서 작성하고, 바꾸고 싶은 이야기의 요소를 찾으면 위에서 했던 것처럼 바꾸면 됩니다.

> 이어서 적어주세요.

## 5 인공지능을 활용한 이야기 평가하기

1 Bing Chat과 함께 만든 이야기를 평가해봅시다.

1. Bing Chat과 함께 만든 이야기의 평가 : ☆ ☆ ☆
2. 위와 같이 평가한 이유를 적어봅시다.

~~~~~~~~~~~~~~~~~~~~~~~~~~~~~~~~~~~~~~~~

~~~~~~~~~~~~~~~~~~~~~~~~~~~~~~~~~~~~~~~~

3. Bing Chat은 우리가 만든 이야기를 어떻게 생각할지 알아봅시다.

• 완성한 이야기의 오른쪽 위 '복사' 아이콘을 클릭합니다.

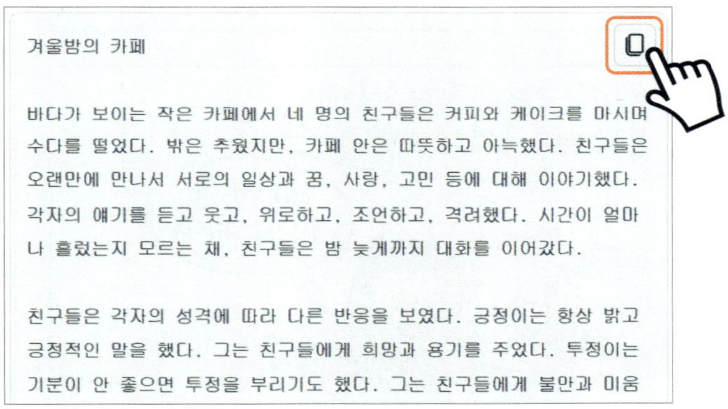
겨울밤의 카페
바다가 보이는 작은 카페에서 네 명의 친구들은 커피와 케이크를 마시며 수다를 떨었다. 밖은 추웠지만, 카페 안은 따뜻하고 아늑했다. 친구들은 오랜만에 만나서 서로의 일상과 꿈, 사랑, 고민 등에 대해 이야기했다. 각자의 얘기를 듣고 웃고, 위로하고, 조언하고, 격려했다. 시간이 얼마나 흘렀는지 모르는 채, 친구들은 밤 늦게까지 대화를 이어갔다.
친구들은 각자의 성격에 따라 다른 반응을 보였다. 긍정이는 항상 밝고 긍정적인 말을 했다. 그는 친구들에게 희망과 용기를 주었다. 투정이는 기분이 안 좋으면 투정을 부리기도 했다. 그는 친구들에게 불만과 미움

• 프롬프트를 오른쪽 클릭하고 '붙여넣기'를 클릭합니다.
• 키보드의 Ctrl과 v를 눌러서 붙여넣을 수 있습니다.

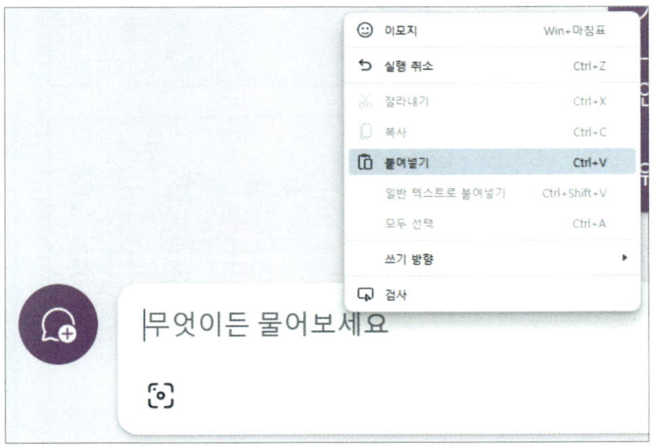
이모지 Win+마침표
실행 취소 Ctrl+Z
잘라내기 Ctrl+X
복사 Ctrl+C
붙여넣기 Ctrl+V
일반 텍스트로 붙여넣기 Ctrl+Shift+V
모두 선택 Ctrl+A
쓰기 방향
검사
무엇이든 물어보세요

• 위 이야기에 대해서 어떻게 생각하고 평가하는지 물어봅니다.
• Bing Chat은 이야기를 창작할 뿐만 아니라 이야기를 평가할 수도 있습니다.

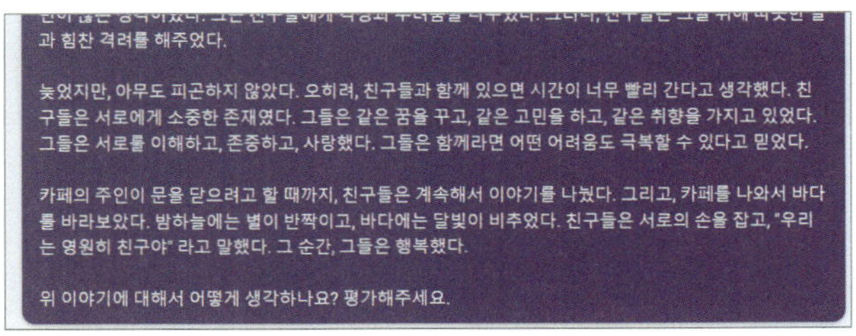
과 힘찬 격려를 해주었다.
늦었지만, 아무도 피곤하지 않았다. 오히려, 친구들과 함께 있으면 시간이 너무 빨리 간다고 생각했다. 친구들은 서로에게 소중한 존재였다. 그들은 같은 꿈을 꾸고, 같은 고민을 하고, 같은 취향을 가지고 있었다. 그들은 서로를 이해하고, 존중하고, 사랑했다. 그들은 함께라면 어떤 어려움도 극복할 수 있다고 믿었다.
카페의 주인이 문을 닫으려고 할 때까지, 친구들은 계속해서 이야기를 나눴다. 그리고, 카페를 나와서 바다를 바라보았다. 밤하늘에는 별이 반짝이고, 바다에는 달빛이 비추었다. 친구들은 서로의 손을 잡고, "우리는 영원히 친구야" 라고 말했다. 그 순간, 그들은 행복했다.
위 이야기에 대해서 어떻게 생각하나요? 평가해주세요.

# Quest 15 AI 작가_이야기책 출판하기

이야기를 완성했어!
가람아, 제이야 우리가 각자 만든 이야기를 돌려가며 읽어볼까?
너희들! 저기 사람들 안 보여? 얼마나 행복해보여. 방해하지마!
엄마! 콩쥐가 팥쥐 가족에게 복수하려고 주먹으로 때리려고 해.
엉엉~
이야기가 좀 이상하고 무서워.
아빠, 심청이가 인당수에 빠졌는데, 수영을 잘해서 도망갔대요.
아버지를 떠나버리는 이야기가 맞아요?
저게 행복해 보이는 거야?
엉~엉
무서워하고 놀라하는 거잖아!
AI 문화예술 바이러스! 우리 이야기로 'V-문학'을 이기겠어!
어디 한번 해봐~!
슝

너희들이 만든 이야기를 읽어봤는데, 더 추가 할 수 있는 걸 생각해보자.
사람들의 관심을 끌기 위해서 뭐가 필요할까?
제목이 필요해요! 이야기의 이름이 꼭 필요하고, 사람들이 제목을 보면 어떤 이야기인지 알 수 있을 거예요!
한 줄로 이야기를 소개하는 건 어때요? 사람들이 이야기를 읽도록 하는 효과가 있을 거예요.
번쩍!
그림도 필요해요! 저는 글만 있는 이야기는 별로 안 좋아하거든요.
좋은 생각이야!
이야기에 추가할 수 있는 게 많구나! 사람들이 이야기에 관심을 가질 수 있도록 이야기에 여러가지를 추가해보자.
좋아요! 같이 만들어봐요. 얘들아 할 수 있지?
응! AI봇과 함께면 무엇이든 할 수 있지.
저를 믿어주니 정말 고마워요. 생성형 AI로 이야기에 추가할 내용을 담아봐요.
이번 바이러스를 이길 백신, 거의 다 완성이다. 얘들아, 조금만 시간을 벌자!
탁타닥! 타타탁탁!

STAGE 3 15

# Quest 15 AI 작가
## – 이야기책 출판하기

### ① 이야기 다듬기

Quest 14에서 만든 이야기는 좋은 작품이지만 더 발전할 수 있습니다. 이야기에 어울릴 제목을 만들 수 있습니다. 그리고 이야기를 소개하는 문장을 만들어서 사람들의 이목을 끌 수 있습니다. 마지막으로 이야기에 어울리는 그림을 추가하면 읽는 사람들이 이야기를 감상할 때 도움이 될 거예요.

### ② 이야기의 제목 만들기

Bing Chat이 이야기를 만들 때, 이야기의 제목도 함께 생성했을 수 있습니다. 하지만 이야기의 제목을 다듬어보고 더 좋은 제목으로 만들어봅시다.

① 내가 만든 이야기를 읽고 중요한 낱말이나 느껴지는 감정을 다양하게 적어보세요.

② 위에서 적은 낱말과 감정을 토대로 이야기의 제목을 떠올려보세요.
이야기의 제목 : ____________________

③ AI와 만든 이야기에 어울리는 제목을 만들어봅시다. Bing Chat의 '최근 활동'에서 Quest 14에서 했던 대화를 불러옵니다.

④ Bing Chat에게 이야기에서 중요한 낱말이나 감정이 무엇인지 물어보세요. Bing Chat의 대답은 무엇인가요?

위 이야기에서 중요한 낱말이나 느껴지는 감정은 무엇인가요?

〈Bing Chat이 중요하게 생각한 낱말과 느낀 감정〉

5 Bing Chat에게 이야기의 제목을 추천하도록 물어보세요.

이야기의 제목을 추천해주세요.

- Bing Chat이 추천한 제목과 내가 만든 제목을 비교해보고 마음에 드는 걸 제목으로 정하세요.

이야기의 제목

## 3 이야기를 소개하는 문구 만들기

이야기는 시와 다르게 내용이 깁니다. 사람들이 이야기를 읽고 싶게 만들기 위해서 이야기를 소개하는 문구가 필요합니다.

1 Bing Chat을 통해서 이야기를 소개하는 문구를 만들어봅시다.

1 Bing Chat이 이야기를 한 문장으로 표현한 것을 읽어보세요.

2 마음에 들지 않으면 다시 요청하면 됩니다.

위 이야기를 한 문장으로 표현해주세요.

위 이야기를 한 문장으로 표현하면 다음과 같습니다.

**친구들이 바다를 통제하는 조직의 공격을 피하고, 바다를 건너서 섬에 도착한 후, 새로운 삶과 모험을 즐기는 이야기입니다.**

## 4 Bing Chat으로 이야기에 어울리는 그림 그리기

이야기에 어울리는 그림이 있다면 감상하는 사람들이 이야기를 더욱 깊게 이해할 수 있습니다. 많은 그림이 필요하지만, 이번에는 표지를 만들어봅시다.

① 이야기의 표지를 직접 그려봅시다. 이야기를 한 문장으로 표현한 걸 보고, 그에 맞는 그림을 그리는 것도 좋습니다.

그림에 대한 설명을 적어보세요.

② Bing Chat이 생각하는 이야기의 표지로 어울리는 그림은 무엇일까요?

위 이야기의 표지를 그림으로 그리려고 합니다. 어떤 그림이 어울릴까요?

- Bing Chat이 추천하는 다양한 그림을 보고 가장 마음에 드는 그림을 골라보세요.

Bing Chat이 이야기와 어울린다고 생각한 그림

③ Bing Chat을 활용하여 표지를 생성해봅시다. Quest 13에서 했던 방법과 같습니다.

이미지 만들기: 바닷가에 텐트를 치고 앉아 있는 4명의 남자. 밤하늘에 별이 반짝인다.

- 이미지 만들기: [이야기의 표지 그림 설명 입력]을 Bing Chat에게 말해보세요.
- 자세한 요소를 작성하면 원하는 이미지가 생성됩니다.

- 4장의 그림이 생성되는 것을 확인할 수 있습니다.
- 마음에 드는 그림이 나올 수 있도록 설명을 자세하게 적고, 바꿔보세요.
- 표지를 완성했으면 다른 장면에 어울리는 그림도 만들어보세요.

## 5 이야기 공유하기

완성한 이야기와 표지를 다른 사람에게 공유해봅시다.

**이야기 공유하기**

- 완성한 이야기의 오른쪽 위 '복사' 아이콘을 클릭합니다.

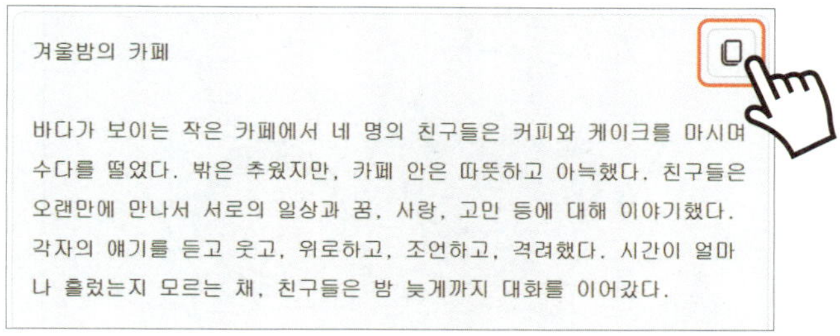
겨울밤의 카페
바다가 보이는 작은 카페에서 네 명의 친구들은 커피와 케이크를 마시며 수다를 떨었다. 밖은 추웠지만, 카페 안은 따뜻하고 아늑했다. 친구들은 오랜만에 만나서 서로의 일상과 꿈, 사랑, 고민 등에 대해 이야기했다. 각자의 얘기를 듣고 웃고, 위로하고, 조언하고, 격려했다. 시간이 얼마나 흘렀는지 모르는 채, 친구들은 밤 늦게까지 대화를 이어갔다.

- 이야기를 공유할 사람과의 대화창에서 '붙여넣기'를 하여 공유합니다.

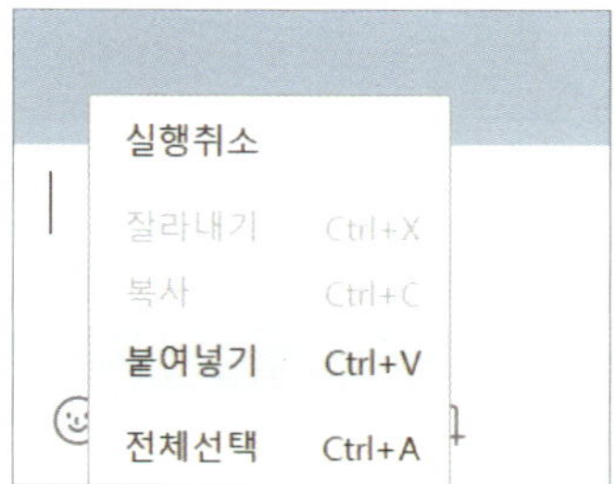
실행취소
잘라내기 Ctrl+X
복사 Ctrl+C
붙여넣기 Ctrl+V
전체선택 Ctrl+A

**그림 공유하기**

바닷가에 텐트를 치고 앉아 있는 4명의 남자. 밤하늘에 별이 반짝인다.
디자이너 | 1024 × 1024.jpg | 11분 전
공유
저장
다운로드
의견

- 원하는 사진을 클릭합니다.
- '공유'를 눌러서 이미지 링크를 공유할 수 있습니다.
- '다운로드'를 눌러서 PC에 이미지를 저장할 수 있습니다.

# Closing AI 문화 예술가가 되다!

이야기가 완성됐어!
우리 이야기를 업로드할게!
띵~동!
시를 만든 아이들이 이야기를 업로드 했습니다.
많은 사람들이 우리 이야기를 읽을 거야!
아이들이 이야기도 만들었다고 하네? 한 번 읽어 볼까?
오! 아이들 경험이 담겨 있어서 좋네요.
이야기가 재미있고 감동적이에요.
어울리는 그림이 있으니까 너무 좋은데요?
아~
흑~ 흑~
여러분 다시 'V-문학'을 읽어요!! 어린왕자가 장미꽃을 꺾어버린 이야기도 만들었어요!
흥, 명작을 맘대로 표절하고, 이상하게 만들면 안 되지!
안 돼! 내 문학을 읽어야 내 바이러스를! 아니… 바이러스가 아니라…
뭐? 바이러스? 'V-문학'을 읽으면 바이러스가 퍼져? 절대 안 읽어!
No!

미디어아트 미술관, 뮤직 페스티벌에 이어서 국립중앙도서관까지 내가 진 건가?
바이러스! 이제 사람들을 방해하지 말고 사라져!
이재호 교수님으로부터 연락이 왔어요.
여러분! AI 문화예술 바이러스를 해결한 백신을 만들었어요! 지금 보여주는 QR 코드를 찍으면 백신이 다운로드 됩니다.
네!! 마침 아이들이 창작한 글을 읽던 중이에요!
여기 QR 코드를 찍어보세요.
찰칵!
찰칵!
찰칵!
안 돼!! 내가 점점 약해지고 있어~
예술을 망친 죗값을 받아야지!
스스스
이번에도 바이러스를 해결했어!
좋아!
오예!
됐어!
찰칵!
찰칵!
덜컹!
얘들아!
여러분이 이번에도 바이러스를 해결했구나! 기특해요.
이재호 교수님과 AI 봇 덕분에 바이러스를 해결했죠! 하하하~
우리나라 예술계를 어지럽게 하려 한 바이러스가 이재호 교수님, 제이와 친구들 때문에 실패했구나. 내가 더 강력한 바이러스를 만들어서 세상을 어지럽게 하겠어!
씨익~

# 생성형 AI 문화예술가 탄생 이재호 교수의 사고력 코딩

**인쇄** : 2024년 1월 15일 초판 1쇄
**발행** : 2024년 1월 19일 초판 1쇄

**저자** : 이재호, 전도연, 허원정

**발행인** : 송준
**발행처** : 도서출판 홍릉

**주 소** : 서울시 강북구 인수봉로 50길 10
**전 화** : 02-999-2274~5 **팩 스** : 02-905-6729
**e-mail** : hongpub@hongpub.co.kr
**홈페이지** : www.hongpub.co.kr

**편집 진행** : 앤미디어(master@nmediabook.com) | **전산 편집** : 앤미디어 | **표지** : 앤미디어


ISBN : 979-11-5600-155-3(73000)
**정 가** : 18,000원

파본이나 잘못된 책은 교환하여 드립니다.